Mohamed Amjahid

DER WEISSE FLECK

Eine Anleitung zu antirassistischem Denken

PIPER

Mehr über unsere Autorinnen, Autoren und Bücher:
www.piper.de

Der Autor dankt dem Thomas Mann House
in Los Angeles für die Unterstützung.

FSC
www.fsc.org
MIX
Papier aus verantwortungsvollen Quellen
FSC® C083411

ISBN 978-3-492-06216-9

Satz: Fotosatz Amann, Memmingen
Gesetzt aus der Arno
Litho: Lorenz & Zeller, Inning am Ammersee
Druck und Bindung: CPI books GmbH
Printed in the EU

Inhalt

Einführung

Mein Name ist Mohamed, und ich mache mir große Sorgen um meine körperliche Unversehrtheit, meine Existenz, mein Leben in Deutschland, in Europa, im sogenannten Westen. Denn es hat sich in den vergangenen Jahren so einiges getan: Westliche Demokratien, und das kann man deutlicher denn je sehen, sind – anders als von vielen angenommen – eben nicht immun gegen politisch organisierten Hass und Menschenfeindlichkeit. Donald Trump, Viktor Orbán oder Matteo Salvini zeigen exemplarisch, dass es möglich ist, in westlichen Gesellschaften Mehrheiten für Sexismus, Rassismus, Antisemitismus oder Queerfeindlichkeit – jeweils mit Gewaltandrohungen gepaart – zu gewinnen. Die politischen Erfolge der »Alternative für Deutschland«, der Freiheitlichen Partei Österreichs oder der Schweizerischen Volkspartei zeigen: Demokratie wird schon wieder zur großen Gefahr für verletzbare Gruppen in mehrheitlich weißen Gesellschaften.

Gleichzeitig sind viele Angehörige dieser Gruppen sprechfähiger denn je. Es wurde noch nie so viel über Machtstrukturen und die Benachteiligung von Minderheiten gesprochen – was wiederum eine Welle des Widerstands nicht nur an den Rändern der weiß-privilegierten Mehrheitsgesellschaften erzeugt hat. Dieser heimatnostalgische, hasserfüllte und wütende Gegenschlag spiegelt sich in Politik, Kultur, Medien und im Alltag wider. Die Polarisierung schreitet so immer schneller voran. Doch: Das weitere Erstarken von Rechtsradikalen in Europa und ihrer Verbündeten im Geiste, ein verschärfter Ton bei Debatten rund um Flucht und Migration, der teils gewalttätige Widerstand einiger Privilegierter gegen die Emanzipation von Minderheiten, das alles bedeutet nicht, dass es zu spät ist, gemeinsam am Ziel einer friedlichen, gerechten und inklusiven Gesellschaft in Europa und der Welt zu arbeiten.

Dies ist also ein Buch für alle weißen Menschen, die einen Wandel herbeiführen möchten, und für alle nichtweißen Menschen, die verstehen wollen, warum diese Welt so ist, wie sie ist. Während in den vergangenen Jahren mehrere Autor*innen aus ihren Perspektiven und Lebensrealitäten heraus beschrieben haben, dass es strukturellen Rassismus, weiße Privilegien und eine lange Tradition der Andersmachung von verletzbaren Minderheiten gibt, tauchte immer wieder eine simple Frage auf, die mir vor allem weiße Leser*innen und Gesprächspartner*innen gestellt haben: Und nun?

Dieses Buch reagiert darauf und bietet neuen Input für die antirassistische Debatte im deutschsprachigen Raum. Es beschreibt sowohl auf strukturell-institutioneller als auch auf persönlicher Ebene, wie das System weißer Privilegien überhaupt wirkt, wie tief es in unser Leben eingedrungen ist – und was man als Gemeinschaft oder als Individuum konkret tun kann, um *Racial Justice,* also Gerechtigkeit zwischen allen Menschen, herzustellen. Über Anekdoten und Analysen möchte ich eine Denkhilfe bereitstellen, um dieses Ziel zu erreichen: angefangen bei der Offenlegung von Verhaltensmustern privilegierter Menschen (siehe Kapitel 1 und 2) über die Lage innerhalb verletzbarer Gruppen (Kapitel 3), das Hinterfragen, wie Wissen überhaupt produziert wird (Kapitel 4), die kritische Betrachtung von Entscheidungsräumen (Kapitel 5), eine makabre Exkursion in die menschliche Psyche, die erneut belegt, wie sehr rassistisches Denken in uns allen verankert ist (Kapitel 6), eine Dekonstruktion der deutschen Erinnerungskultur, die für ein egalitäres Miteinander unabdingbar ist (Kapitel 7), bis hin zur Enttarnung einer tödlichen Vernunft insbesondere in Politik und Medien (Kapitel 8) und einer konkreten Anleitung zum antirassistischen Denken für den Alltag und das eigene gesellschaftspolitische Engagement (Kapitel 9). Ein Glossar und weitere Literaturempfehlungen finden sich am Ende des Buches.

Diesen Text zu lesen, gar Geld dafür auszugeben oder es an die Liebsten zu verschenken ist weiterhin keine Selbstverständlichkeit. Ich danke Ihnen also für Ihre Bereitschaft, sich überhaupt mit den Themen Rassismus und Privilegien auseinanderzusetzen. Dieses Buch geht über das veraltete Rechts-links-Schema hinaus. Es betrifft uns alle. Es liegt mir als Autor of Color besonders am Herzen. Als Person of Color hat es für mich eine heilende Wirkung. Während ich über das Erlebte, die Schmerzen und meine Recherchen schreibe, erinnere ich mich daran, dass ich überhaupt existiere.

Der gesellschaftliche Wandel der vergangenen Jahre drückt sich nämlich in verschiedenen Weisen aus: Ehemals stille Gruppen werden sprechfähig und äußern sich zu ihren Belangen, für die weiße Mehrheitsgesellschaft unsichtbare Phänomene werden plötzlich glasklar sichtbar – zumindest für jene, die hinschauen möchten. Diesen »weißen Fleck« in der Betrachtung des gemeinschaftlichen Zusammenlebens von Weißen und Nichtweißen möchte dieses Buch auflösen. Die Identifizierung und Aufhebung von blinden Flecken in unserer Wahrnehmung spiegelt sich auch in einer veränderten Sprache wider: Das Mitdenken von nicht binären und trans Menschen wird immer mehr zum Standard, eine egalitäre Gestaltung der Art und Weise, wie wir reden und schreiben, schreitet voran. Nur ein Beispiel: In diesem Buch schreibe ich Schwarz groß, wenn ich Schwarze Menschen meine. Das unterstreicht die Eigenbezeichnung, die eben Schwarze Menschen für sich gewählt haben. Ich schreibe aber weiße Menschen klein: Denn Weißsein ist weiterhin eine analytische Kategorie und keine Selbstbezeichnung von Weißen. Es sind diese vermeintlich nebensächlichen Dinge, die den Wandel der Gesellschaft gut illustrieren.

Mehrere Generationen werden sich noch an der Aufarbeitung des Kolonialismus und der postkolonialen Ausbeutung von Nichtweißen bis zum heutigen Tage und leider darüber hinaus abarbeiten müssen. Ich habe deswegen unzählige Bücher und Theorien der *Race Studies,* vor allem aus dem englisch- und französischsprachigen Raum, studiert, meine eigenen Beobachtungen und Analysen eingewebt und mir überlegt, wie die mir wichtigen und als produktiv erscheinenden antirassistischen Konzepte möglichst niedrigschwellig, unterhaltsam und lebendig Gedanken und Debatten anstoßen können. Die Auflösung des weißen Flecks ist die Grundlage für die zukünftigen Debatten in einer diversifizierten Gesellschaft, davon bin ich überzeugt. Und deshalb will ich mit diesem Buch einen weiteren Beitrag zur egalitären Gestaltung der Gemeinschaft, in der wir alle leben, leisten. Denn nur Gerechtigkeit und Gleichberechtigung führen zu einem Austausch, der wirklich alle Menschen – egal welcher Hautfarbe oder Herkunft – weiterbringen wird.

1 Vorsicht, zerbrechlich

Jede Person, egal welcher Herkunft, Hautfarbe oder Sozialisation, hat mit inneren Komplexen zu kämpfen, verspürt manchmal Unsicherheiten im Umgang mit dem eigenen Umfeld, fühlt sich missverstanden oder ab und zu von anderen Mitgliedern der Gesellschaft beleidigt. Die aus dieser Gefühlslage heraus resultierenden Verhaltensweisen einzelner Individuen würde ich als menschlich beschreiben: Erwachsene werden zu trotzigen Kindern, versinken in Selbstmitleid oder fangen an, wild um sich zu schlagen. Manchmal fügen sich diese und weitere Gemütszustände zu einem Wollknäuel der Gefühle zusammen. Der Mensch ist halt ein emotionales Wesen.

Das gilt natürlich auch für Weiße. Ich kann allerdings nicht immer nachvollziehen, wie die Fäden in ihrem inneren Wollknäuel bei politischen Diskussionen rund um Privilegien und Rassismus, Kolonialismus und postkoloniale Machtstrukturen, Empowerment und Wiedergutmachung zusammenlaufen. Manchmal, so habe ich den Eindruck, verheddern sich weiße Menschen innerlich wegen Kleinigkeiten, die sie eigentlich locker aushalten müssten. Derweil reicht es sogar, Realitäten nüchtern zu beschreiben oder, auf Evidenzen basierend, einen Witz zu reißen, damit einige Weiße anfangen zu heulen, sich zu beschweren oder regelrecht durchzudrehen.

Im Zuge einer deutschen Twitterdebatte erreichte mich zum Beispiel eine private Nachricht von einem jungen weißen Mann. Wir kennen uns aus Uni-Zeiten, und er hat sich mir gegenüber öfter als Verbündeter im Kampf gegen den Rassismus geoutet. So etwas freut mich immer sehr, denn es braucht mehr Alliierte aus der Mehrheitsgesellschaft, um Strukturen der Diskriminierung von verletzbaren Minderheiten gemeinsam aufbrechen zu können (siehe Kapitel 9). Bevor ich zu seiner Zuschrift komme, muss ich aber ein wenig ausholen. Kontext ist ja immer wichtig:

Zur selben Zeit tobte auf Twitter nämlich eine Diskussion, ob die urbane Wortschöpfung Alman, mit der weiße Deutsche gemeint sind, beleidigend sei oder nicht. Alman ist an das Wort Almanya aus dem Arabischen, Türkischen, Kurdischen oder Persischen angelehnt. Almanya bedeutet schlicht: Deutschland. Ich wünschte manchmal, ich hätte das Problem, dass ich mich von so einer Bezeichnung beleidigt fühle. Auf Twitter habe ich mich aber bewusst entschieden, nichts Unmittelbares zu dieser Debatte beizusteuern. Stattdessen setzte ich an diesem Tag einen Tweet zum deutschen Kolonialismus ab. Der ehemalige Wirtschaftsminister und SPD-Vorsitzende Sigmar Gabriel, der sich als Deutschlands wichtigster Intellektueller zu jedem Thema gerne äußert, teilte im Zuge einer Friedenskonferenz für Libyen im Berliner Kanzlerinnenamt folgenden Gedanken mit seinen Follower*innen: »(...) Wir waren nicht am Libyen-Krieg beteiligt u. nie Kolonialstaat (...).« Ich entschied mich also für eine kurze, zugegeben etwas freche Antwort: »Der Sigmar kann nicht googeln.«

Könnte er es nämlich, würde Gabriel wissen, dass Deutschland Kolonialstaat war und bis heute von einer kolonialen Dividende profitiert (siehe Kapitel 7). Kurze Zeit später tauchte in meiner Timeline ein *Tagesspiegel*-Kommentar mit folgender Überschrift auf: »Libyen-Konferenz in Berlin: Jetzt braucht's eine Angela Bismarck.« Zu sehen war eine ernst blickende Angela Merkel vor einer deutschen Fahne. Ich fühlte mich also wieder berufen und twitterte einen Screenshot vom Wikipedia-Artikel »Deutsche Kolonien«. Später machte ich mich über Bismarck-Fans lustig, die den historischen Fakt leugneten, dass die Berliner Konferenz zwischen dem 15. November 1884 und dem 26. Februar 1885, auch Kongo-Konferenz genannt, auf Einladung des deutschen Reichskanzlers Otto von Bismarck stattfand und dort der afrikanische Kontinent unter den europäischen Kolonialmächten, darunter auch Deutschland, aufgeteilt wurde. Gegen Geschichtsklitterung hilft manchmal nur Humor.

Hunderte tief beleidigte User*innen (einer von ihnen nannte sich beispielsweise »Bismarck der Echte« und beschrieb sich auf seinem Profil mit den Worten »Mein Reichskanzler. Konservativ und Patriot. Für Gott, Vaterland und Kaiser! AfD seit 2013«) beschwerten sich, dass ich mit meiner Kritik und dem Wikipedia-Artikel ihren heiligen Bismarck, die deutsche Geschichte im Allgemeinen (!) und sowieso alle Deutschen verunglimpft hätte. Ich kann ebenfalls trotzig sein und legte einen Tag später mit einem Tweet im Social-Media-Slang nach: »Glaube ja, dass Almans in ihrer Liebe zu #Bismarck eigentlich 1 ganz anderes Gefühl zu einer mit Bismarck verbandelten Figur channeln.«

Und genau dieser Tweet trieb den jungen weißen Mann von vor drei Absätzen zur Weißglut. Er schrieb mir eine private Nachricht. Oder wie er es nannte: einen Hinweis. Meine ständige Kollektivierung und Provokation auf Twitter, so erklärte er mir, mache es Allies (also mit Minderheiten verbündeten Weißen wie ihm) schwer, nicht genervt zu sein. Er wolle mir nur Feedback geben und betonte noch mal, dass er meine Arbeit sonst sehr schätze. Seine gute Intention nahm ich ihm direkt ab, dennoch ist dieser kleine Vorfall ein passendes Beispiel, um ein auch in Deutschland weitverbreitetes Phänomen unter Weißen zu illustrieren.

Weiße Zerbrechlichkeit, aus dem Englischen *White Fragility,* bezeichnet die von Unsicherheit begleitete Interaktion von weißen Menschen in einer diversen Gesellschaft, in der immer häufiger von diskriminierten Minderheiten eine strukturelle Kritik an weißen Privilegien formuliert wird. Die US-amerikanische Autorin Robin DiAngelo beschreibt, dass Weiße meist in einem sozialen Umfeld leben, das sie vor *Race*-basiertem Stress schützt. Weiße sind demnach daran gewöhnt, dass ihr Weißsein gar nicht erst thematisiert wird. Sie existieren im Diskurs nicht als rassifizierte Personen, gar als homogen wahrgenommene Gruppe. Während in Medienberichten, politischen Debatten, Kunst- oder Kulturproduktionen oft von *den* Türken, *den* Arabern, *den* Muslimen, *den* Juden, *den* Geflüchteten und so weiter die Rede ist, existieren Weiße in der Öffentlichkeit meist nur als Individuen, als Persönlichkeiten, als Subjekte. Weiße Männer profitieren dabei mehr von dieser Darstellung als Frauen, die manchmal nicht als natürliche Personen, sondern lediglich als Ehefrauen, Partnerinnen oder schlicht Anhang von Männern wahrgenommen werden.

Angehörige der Mehrheitsgesellschaft erwarten aufgrund dieser speziellen Unsichtbarkeit (bewusst oder unbewusst), dass ihre Positionierung und ihre strukturellen Privilegien nicht Gegenstand einer Debatte sein sollten. Eine Haltung, die ihre innere Toleranz gegenüber rassismuskritischen Debatten schmälert. Viele Weiße, erklärt DiAngelo, könnten es nur schwer oder gar nicht aushalten, wenn allgemein über sie gesprochen wird. Egal, was dabei konkret gesagt wird. *White Fragility* beschreibt also den inneren Zustand weißer Menschen, bei dem schon ein Minimum an *Racial*-Stress unerträglich werden kann. Sie bauen dann eine defensive Haltung auf, wenn sie eine (egal ob harmlose, diplomatische oder humorvoll verpackte) Privilegienkritik hören.

Der junge weiße Mann konnte es augenscheinlich nicht aushalten, dass ich mit einem überspitzten Tweet darauf hinweisen wollte, dass zu viele Bismarck-Fans und weitere Deutsche Nachhilfe in europäischer Kolonialgeschichte brauchen. Er musste mir einen Hinweis geben, wie ich mich zu verhalten habe, wie ich meine Kritik verpacken solle, damit er weiter als Verbündeter zur Verfügung steht. Das nennt sich dann *Tone Policing*. Um als weiße Person eine Allianz mit People of Color eingehen zu können, gibt es allerdings einige Empfehlungen für Allies und solche, die es werden wollen, wie sie diese Zusammenarbeit gestalten können und was sie tunlichst lassen sollten (siehe Kapitel 9). Bedingungen an People of Color zu stellen ist in diesem Zusammenhang zumindest problematisch. Es ist dabei anscheinend schwierig, als weiße Person auf »einen Hinweis« an Nichtweiße zu verzichten. Diese unberechenbare Fragilität, selbst unter Allies, macht es für Angehörige von Minderheiten anstrengend, Rassismus überhaupt anzusprechen. Stets stellt sich für People of Color die Frage: Wie reagiert mein weißes Gegenüber, wenn ich etwas zum Thema Rassismus sage?

An dieser Stelle sei noch mal betont, dass eine differenzierte Privilegienkritik nie essenzialistisch gemeint ist. Weiße sprechen und verhalten sich also nicht per se oder qua weißer Hautfarbe rassistisch. Niemand gehört alleine aufgrund seiner oder ihrer äußeren Erscheinung in irgendwelche Schubladen. Abgesehen davon, dass die Hautfarbe (sozial konstruiert) ein wichtiger Faktor ist, wie mit einer Person, egal wo auf dieser Welt, umgegangen wird, zählen im intersektionalen Sinne auch andere Kategorien von Identität wie Gender, Einkommen, Sexualität, Alter, Bildungsstand, Wohnungssituation, Gesundheitszustand oder Passfarbe. Es kommt oft auf den Mix aus diesen Kategorien an, ob man Erfolg hat oder scheitert.

Kein Individuum kann qua Herkunft die Verantwortung für die geltenden Normen in einer Gesellschaft, aus der es stammt, übernehmen. Was zählt, ist aber: Jede Person muss zumindest mitdenken, in welchen Strukturen sie sich bewegt, aus welcher Position sie über welche Themen spricht und was sie konkret (politisch) tut. Denn Strukturen sichtbar zu machen, die bestimmte Gruppen bevorzugen und andere pauschal benachteiligen, ist ein Grundanliegen der antirassistischen Kritik. Mit dem Finger auf einzelne Personen allein aufgrund ihrer Hautfarbe zu zeigen liegt mir persönlich fern. Erst nach Betrachtung von Aussagen, Wirken und Kontext kann man einzelne Menschen für konkrete Dinge haftbar machen. Und doch musste ich mich mit den Jahren irgendwie dazu verhalten, dass sich viele Weiße sehr angegriffen fühlen, wenn ich Kritik an Strukturen weißer Privilegien übe. Dem jungen weißen Mann schrieb ich letztendlich ein kurzes Gedicht zurück:

Man ist kein Ally,
sondern wird zum Ally.
Und das ist sehr aufwendig.
Man ist kein Alman,
sondern wird zum Alman.
Und das zum Teil ganz beiläufig.

Zum Beispiel, indem man sich von seiner weißen Zerbrechlichkeit leiten und ihr freien Lauf lässt. Alman ist ein humorvoll gemeinter, lässiger Begriff, der in den urbanen Zentren Deutschlands gewachsen ist, um auf die Stigmatisierung von Nichtweißen ausgehend von der Mehrheitsgesellschaft in diesem Land zu antworten. Alman ist ein Werkzeug, das vor allem junge People of Color nutzen, um für sich sprechen und ihre Umwelt beschreiben zu können. Wer sich davon beleidigt fühlt, dem sei nahegelegt: Chill dein Leben! Das Wort Alman wird kein einziges weißes Privileg neutralisieren. Den Fakt, dass die nostalgische AfD-Wählerschaft und ähnliche Anhängerschaft anderer politischer Lager den Zeiten von Bismarck oder anderen Epochen in der deutschen Geschichte nachtrauern oder sie verklären, muss man als weiß-deutsche Person einfach aushalten können.

Einige Monate später griffen mich AfD-Politiker*innen, die *Bild*-Zeitung und Tausende besorgte Bürger*innen auf Twitter an – weil ich mich antirassistisch geäußert hatte. Der junge weiße Mann sah die Ausmaße dieser Attacke und schrieb mir eine Nachricht, dass er dazugelernt habe und mir nie wieder mit seiner *White Fragility* kommen werde. Während ich Julian Reichelt, Chefredakteur der *Bild*-Zeitung, selbstverständlich stumm geschaltet habe (siehe Kapitel 8), bin ich bereit, mit lernfähigen Weißen in Kontakt zu bleiben.

Ein Bismarck-Fan, davon gehe ich zumindest aus, ist nämlich längst verloren. Mit »AfD seit 2013« muss ich mich nicht noch aufhalten. Jemand, der Ally sein möchte, muss sich allerdings anstrengen, seine sozialisierte Fragilität in den Griff zu bekommen. Das ist viel verlangt, vor allem, wenn die betroffene Person beispielsweise einer harten Lohnarbeit nachgehen muss. Sich nach Dienstschluss hinzusetzen, über postkoloniale Theorie den Kopf zu zerbrechen und dabei seine Gefühle zu steuern kann mühsam sein. Zum Glück gibt es dafür aber Autor*innen, die bezahlt werden, um sich solche Gedanken zu machen, sie für ein breites Publikum aufzubereiten und zur Verfügung zu stellen.

Die Frage, die mich in diesem Zusammenhang oft erreicht, lautet: Kann man als weiße Person überhaupt noch etwas sagen? Darauf habe ich immer eine gültige Standardantwort parat: Abgesehen davon, dass man einer weißen Person in einer weiß dominierten Gesellschaft nur sehr schwer die Sprechfähigkeit nehmen kann, darf weiterhin jede Person sagen, was sie will. Man kann einfach nicht mehr erwarten, dass es keinen Widerspruch gegen die Andersmachung von Minderheiten gibt. Das ist alles. Einerseits musste ich mir sehr oft anhören, dass nichtweiße Menschen zu emotional seien, sich zu häufig beschweren würden und einfach »auf Rassismus abonniert« seien (ja, Weiße sagen mir so etwas ins Gesicht). Andererseits musste ich in den vergangenen zehn Jahren sehr häufig meine Emotionen steuern, manchmal unter großen Anstrengungen unterdrücken, während ich mit der weißen Zerbrechlichkeit meines Gegenübers zu tun hatte. Dieses Ungleichgewicht begleitet mich durch mein Arbeits- und sonstiges Leben. Ich habe dabei beobachtet, dass bei diesem gesellschaftlichen Streit besonders auf die Gefühle und Belange von Weißen geachtet wird, selten auf die von Nichtweißen.

Vor Kurzem wurde ich zu einer großen Konferenz eingeladen. Auf der Bühne sollte ich einen Impulsvortrag halten. Es ging darum, junge Menschen – die meisten von ihnen Studierende, zwanzig bis dreißig Jahre alt – mit frischen Gedanken, pointierter Gesellschaftskritik und konkreten Projektideen zu inspirieren. Hunderte Entscheidungsträger*innen und Führungskräfte von morgen auf einem Haufen: Klingt gut, dachte ich. Also habe ich zugesagt. Mit der Einladung bekam ich den Hinweis, dass im Publikum ein Stargast sitzen werde:

Jan Böhmermann. Der Fernsehsatiriker sollte kurz nach meinem Auftritt mit seiner Performance auf die Bühne gehen. Ich habe mich deswegen entschieden, über rassistische Satire und meine Kritik daran zu sprechen. Ich hatte entsprechende Texte veröffentlicht, die sich unter anderem mit Böhmermanns Schmähgedicht zur Autokratie unter Recep Tayyip Erdoğan in der Türkei beschäftigten. Böhmermann und andere weiß-deutsche Medienschaffende griffen dabei auf rassistische Bilder vom »ziegenfickenden Orientalen«, vom »pädophilen Moslem« und »stinkenden Anatolen« zurück. Gute Satire kann meiner Meinung nach auf solche billigen und diskriminierenden Pointen verzichten.

Als die weiße Veranstalterin von meinem Vorhaben erfuhr, rief sie mich panisch an. Was mir eigentlich einfalle, Jan Böhmermann kritisieren zu wollen? »Das geht nicht«, sagte sie schon zu Beginn des Gesprächs. Böhmermann sei ihr wichtigster Gast, und es sei nicht angebracht, seine Satire im Rahmen ihrer Veranstaltung zu besprechen. Er habe als Person der Öffentlichkeit außerdem sehr viel durchmachen und aushalten müssen. Man sollte ihm eine Pause gönnen. Sie bat mich, auf das Thema zu verzichten, und machte Druck, dass ich trotzdem auftreten müsse. Meine Stimme sei ihr äußert wichtig, nur Jan Böhmermann und deutsche Satire kritisieren, das gehe nicht. Eine halbe Stunde redete sie auf mich ein.

Ich mache mir noch heute Vorwürfe, weil ich eingeknickt bin und mein Thema gewechselt habe. Ich hatte sogar vorher ein von mir handsigniertes Buch vorbereitet, in dem ich meine Kritik an rassistischer Satire beschreibe. Dieses Buchexemplar steht noch heute in meinem Bücherregal. Auf der ersten Seite ist dort zu lesen: »Lieber Jan, ich weiß, dass Du genug Beef mit allem Bösen dieser Welt hast. Schau! Wir Nafris sind zu gut erzogen: diskriminiert und entschuldigen uns noch! :D Danke für Deine Arbeit, ich hoffe, wir können – im wahrsten historischen Sinne – Alliierte sein!« Selbst bei einer Sache, die mir persönlich so wichtig ist, dass ich mich vor Hunderten Menschen auf die Bühne stelle, meine Aufregung herunterschlucke und darüber spreche, selbst dann mache ich mir Gedanken um die Gefühle, den Beef, die Belange jener, die in ihren weißen Privilegien baden und es bis dahin nicht verstanden haben und verstehen wollen. Ich hielt letztendlich einen Vortrag zu einem anderen Thema und ging von der Bühne mit einem sehr schlechten Gewissen – mir selbst gegenüber.

Denn Jan Böhmermanns Bedürfnisse waren der Veranstalterin sehr wichtig, meine Gefühle – so schien es mir – waren ihr schlicht egal – obwohl ich auch ihr Gast war. Ich machte mir selbst ja von Anfang an auch Gedanken darüber, wie der Fernsehstar auf meine Kritik emotional reagieren würde, und vernachlässigte dabei meine eigene Gemütslage (siehe Kapitel 3). Die Veranstalterin, die sich selbst als progressiv und Ally beschreiben würde, hat die mögliche Reaktion von Jan Böhmermann auf meinen Vortrag antizipiert und ihn aufgrund ihrer Machtposition unterbunden. *White Fragility* sorgt dafür, dass sehr viele Debatten und Konfrontationen, die aus Minderheitensicht wichtig sind, gar nicht erst stattfinden. Denn es wird in Medien, Kultur oder Politik peinlichst darauf geachtet, welche Aussagen welche weiße, einflussreiche Person wie beleidigen könnten. Wie kann man da überhaupt auf Augenhöhe miteinander diskutieren?

Längst hat sich auch im Deutschen zur weißen Zerbrechlichkeit eine eigene Sprache entwickelt. Im urbanen Deutschwörterbuch werden fragile Weiße gerne als Schneeflocken bezeichnet. Wenn es wegen einer bestimmten Kritik zu heiß wird, schmelzen sie einfach dahin. Mit einem Pfützchen zu kommunizieren macht dann wenig Sinn. Man sagt auch, dass viele Weiße beim Thema Rassismus dazu tendieren, weiße Tränen zu vergießen. In Anlehnung an das englische *White Tears*. Ich kenne mehrere weiße Autoren, die in ihren Texten rücksichtslos gegen Minderheiten austeilen. Sie erwarten Jubel und Zustimmung. Immer öfter ernten sie aber (vor allem in den sozialen Medien) pointierte Kritik – die sie bis ins Mark trifft. Ein Autor beschwerte sich mal bei mir, dass er auf Twitter von einem User als »islamophob« bezeichnet wurde. Zuvor hatte er in einer auflagenstarken Zeitung pauschal behauptet, dass alle Muslime integrationsunwillige Menschen seien. Austeilen, aber nicht einstecken können: Die zarten Seelen einiger weißer Männer wundern mich schon ein wenig.

Ihre weiße Zerbrechlichkeit trifft auf eine noch relativ neue Sprechfähigkeit von Angehörigen verletzbarer Gruppen. Menschen, die vorher gar nicht am Diskurs beteiligt waren, melden sich nun zu Wort und reden über Dinge, die ihnen wichtig sind. Alte weiße Männer beschweren sich deswegen und sagen: In den Neunzigerjahren konnten wir noch sachlich miteinander reden, zum Beispiel über das Thema Dosenpfand (ja, dieses Beispiel hat ein alter weißer Mann tatsächlich in meiner Gegenwart gebracht). Heute seien alle so emotional und betroffen. Das nerve ihn, sagte er. Diese Nostalgie verkennt, dass Weiße wie gesagt auch Gefühle haben und dass People of Color in den Neunzigerjahren in Deutschland eine weniger hörbare Stimme hatten. Außerdem ist das Dosenpfand bestimmt ein wichtiges Sachthema, daneben gibt es aber auch andere Politikfelder, die an Relevanz zugenommen haben – weil nun mehr People of Color, Frauen oder Queers mitsprechen (wollen).

Wenn immer mehr Nichtweiße anfangen, im Journalismus, in den Sozialwissenschaften, in Kunst und Kultur, im Alltag auf Weiße zu schauen – weil Weiße in den vergangenen 500 Jahren ihren zum Teil degradierenden Blick konstant auf People of Color richteten –, dann kann ich mir vorstellen, dass dies für Weiße irritierend, verwirrend, gewöhnungsbedürftig oder schmerzvoll sein kann. Aber ich kann aus eigener Erfahrung sprechen: Man gewöhnt sich daran, erforscht und beschrieben zu werden. Und wie gesagt geht es hier nicht um die Stigmatisierung

Einzelner, sondern um die Freilegung von sozial konstruierten Mechanismen, die unsere Welt steuern. Einigen Weißen ist aber auch diese eher abstrakte Ebene schon zu viel.

Manchmal versuche ich mich von den inneren Wollknäueln meiner weißen Gesprächspartner zu lösen, um freier nachdenken zu können. Und dann fällt mir wieder ein, dass *White Fragility* schnell in *White Rage* kippen kann. Es ist statistisch belegt, dass Weiße in Deutschland, in Europa und Nordamerika (und damit auch an vielen anderen Orten und in Räumen auf dieser Welt) am Drücker sitzen. Wenn davon nur eine Handvoll beleidigter weißer Menschen die Nerven verliert und ihre Macht nutzt, die Kritik an den herrschenden Machtstrukturen zu unterdrücken, haben Menschen wie ich ein großes Problem. Damit meine Texte erscheinen, bin ich zu einem wesentlichen Teil vom Wohlwollen und der Förderung durch weiße Chefredaktionen und weiße Verlagsleitungen abhängig. In der deutschen Medienlandschaft habe ich aber die weiße Wut in den vergangenen fünf Jahren in ihrer ganzen Wucht zu spüren bekommen.

Als mein erstes Buch *Unter Weißen. Was es heißt, privilegiert zu sein* im Jahr 2017 erschien, bekam ich sehr viel Zuspruch. Das gehört auch zur Wahrheit. In *Unter Weißen* beschreibe ich, wie weiße Privilegien überhaupt funktionieren, und sehr viele weiße Leser*innen sprachen mich darauf an oder schrieben mir, dass ihnen mein

Buch geholfen habe, sich selbst besser zu reflektieren. Solche Rückmeldungen ehren mich natürlich jedes Mal. Es gab aber auch jene Weiße, die höchst beleidigt waren, dass ich einer der ersten Autoren in Deutschland war, die es überhaupt wagten, das Wort weiß auszusprechen. Ich rechne an dieser Stelle Trolle im Format verrückter Bismarck-Fans mal raus. Es waren gestandene weiße Journalist*innen und Autor*innen, die mir ins Gesicht sagten, dass ich nicht nur falschläge, sondern dass sie dafür sorgen könnten, dass ich nie wieder ein Buch oder einen Artikel veröffentlichen werde, falls ich mich entscheiden sollte, weiterzumachen. Mit den Scherben ihrer weißen Zerbrechlichkeit wollten sie mich als sprechfähigen Nichtweißen sprichwörtlich verletzen.

Ein leitender Redakteur sagte mir, dass er sich nach der Lektüre meines Buchs in die Ecke gedrängt gefühlt habe. Als weißer Mann könne man ja gar nicht mehr mitreden, wenn es so weitergehe (siehe Kapitel 2 und 4). Er sehe es mit großer Sorge, dass sich »immer mehr Menschen mit Migrationshintergrund einigeln, anstatt den Dialog zu suchen und offen über Integration zu sprechen«. Ich schwöre, dass ich mit seinen weißen Tränen eine ganze Klospülung hätte füllen können. Solche beiläufigen und dennoch vielsagenden Reaktionen auf meine Arbeit als Autor häuften sich plötzlich und lauerten an jeder Ecke.

Ein anderer weißer Mann, der zwischenzeitlich Macht auf mich ausüben konnte, behauptete schlicht, ich sei hier der Rassist, wenn ich das Wort »weiß« benutze (zu *Reverse Racism* siehe Kapitel 2). Er schrie herum und drohte mir mit Konsequenzen, wenn ich das ALLES nicht zurücknehmen würde. Die Konfrontation mit seinen Privilegien machte seine innere Zerbrechlichkeit sichtbar, die sich in Form eines regelrechten weißen Wutanfalls den Weg bahnte. Wir saßen auf breiten Ledersesseln in seinem Büro, die Luft war stickig, die Tür verschlossen, und ich hörte mir geduldig seine Tiraden an, sah dabei zu, wie sie sich mit seinen weißen Tränen vermischten: Ich hätte *Unter Weißen* gar nicht erst schreiben dürfen, sagte er, weil die Mehrheit der deutschen Leserschaft nun mal weiß sei und diese Mehrheit sich nicht einfach so »beleidigen« lasse. Dann stellte er viele rhetorische Fragen: Was ich mir eigentlich dabei denke, wenn ich das Wort weiß ausspreche? Ob ich wisse, dass wegen mir Menschen zur AfD laufen würden, nur weil ich das schreibe, was ich schreibe? Und was ich nun gedenke zu ändern, um alles wieder geradezubiegen? Ich hatte einfach Angst, weil ich nicht wusste, wozu er alles bereit war.

Ein alter weißer Mann verglich mal meine privilegienkritische Arbeit mit den Ansichten eines anderen Autors of Color. Der Kollege hatte in seinen Texten geschrieben, dass man es mit der Rassismuskritik auch übertreiben könne. Das kann man machen, es gilt ja die Meinungsfreiheit. Der alte weiße Mann fand es allerdings »erfrischend, wenn Menschen mit Migrationshintergrund nicht immer nur über Rassismus reden«. Natürlich gefiel ihm meine Berichtigung nicht, dass ich nicht »immer nur über Rassismus« rede, mein Portfolio als Journalist sehr divers sei und dass ich dennoch über Rassismus reden könne, wenn es mir halt passt. Noch beleidigter zeigte er sich aber, als ich ihm erklärte, dass die Zeiten vorbei seien, in denen People of Color weißen Menschen Erfrischungen reichten.

2 Opferolympiade

Es gab eine Zeit, da war es mehr als nur unangenehm, dem katholischen Glauben anzuhängen. Die Geschichte des Konfessionskonflikts und darauf folgenden Bürgerkriegs in Nordirland kann beispielsweise nur unter Berücksichtigung der institutionellen Diskriminierung von Katholik*innen durch den protestantisch-britischen Staat erzählt werden. Ein anderes Beispiel: Der britische Kolonialismus brachte Nordamerika das Menschheitsverbrechen des Sklavenhandels, den Turbokapitalismus und ein tief sitzendes antikatholisches Ressentiment – das sich jahrhundertelang in der US-Gesellschaft und vor allem im Washingtoner Machtzentrum gehalten hat. John F. Kennedy musste bei seiner Wahl zum US-Präsidenten im Jahr 1960 gegen eine gut organisierte antikatholische Kampagne durch einflussreiche Protestant*innen kämpfen. Als er am 20. Januar 1961 vereidigt wurde, galt es als kleines Wunder, dass in den USA ein Katholik das höchste Amt des Landes bekleiden konnte. Auch heute werden bekennende Katholik*innen manchmal schräg angeschaut, obwohl mit Joe Biden schon der zweite Katholik Präsident geworden ist. In New York, Paris oder einigen Gegenden von Berlin gilt: Es gibt keinen Gott, und wer an seinen golden gekleideten Stellvertreter auf Erden glaubt, ist ein bisschen gaga.

Und dennoch empfand ich es als äußerst absurd, als dieser groß gewachsene weiße Mann mit dem Kreuzkettchen um seinen Hals, dem milden Lächeln auf seinem Gesicht und einem dennoch ernsten Blick am Rande einer Veranstaltung in Berlin auf mich zukam, zu mir hinabschaute und behauptete: »Die wahren Diskriminierten, die wahren Verfolgten, die wahren Subalternen in Europa, das sind wir Katholiken.«

Ich taufe ihn an dieser Stelle auf den Namen Christian.

Er redete und redete und redete lange zehn Minuten, ohne dass ich ihn wirklich unterbrechen konnte. Nach einer Weile spulte ich die allgemein bekannte Zirkusmelodie in meinem Kopf ab. Denn ich nannte damals das Phänomen, dass sich viele (weiße) Privilegierte gerne selbst viktimisieren, Opferzirkus.

Mit seinem katholischen Opfertum machte sich Christian aus meiner Sicht nämlich zum Clown. In Zeiten, in denen mit dem »christlichen Abendland« konkrete Politik gestaltet wird, in denen Gesetze verabschiedet werden, um Jesuskreuze in staatlichen Institutionen aufzuhängen, und in Anbetracht der Tatsache, dass er als Katholik zu einem der reichsten Clubs der Welt gehört – die katholische Kirche in Deutschland wird auf ein Kapital von über 200 Milliarden Euro geschätzt –, klingt Christians Hilferuf als selbst ernannter Vorsitzender der verfolgten Katholik*innen deutscher Länder lächerlich. Abgesehen davon, dass Katholik*innen in Europa natürlich nicht institutionell diskriminiert werden und ihre Kirche fest in politischen Machtstrukturen und Entscheidungsprozessen verankert ist.

Dennoch bestand Christian darauf, dass nicht Jüdinnen*Juden, nicht Muslim*innen, nicht Sinti*ze und Rom*nja, nicht Lesben, Schwule oder trans Menschen, nicht Menschen mit Behinderung, sondern Katholik*innen »die wahren Opfer des Systems« seien. Es gibt in Deutschland leider sehr viele Menschen wie Christian.

Mittlerweile erklingt bei solchen Gesprächen, vor denen ich mich leider nicht immer in Sicherheit bringen kann, nicht mehr die Zirkusmelodie in meinem Kopf, sondern die olympische Hymne: Das Wort Opferolympiade habe nicht ich erfunden, ein sehr guter Freund von mir hat es mal in einen Witz gepackt, und ich fand, dass es – anders als das Wort Opferzirkus – den Ernst des Phänomens besser ausdrückt. Denn in Deutschland und vielen anderen europäischen Gesellschaften ist die Selbstdarstellung als diskriminierte, verletzbare, gehasste und geschasste Gruppe zu einem Wettbewerb unter den Privilegierten geworden. Insbesondere unter Weißen.

Diesen sehr anstrengenden Wettkampf – wie kann es auch anders sein – hat der weiße (heterosexuelle, gut verdienende, gesunde) Mann erfunden. Man braucht nur einen Blick in seine Kolumnen, auf seine Twitter-Accounts oder Talkshow-Auftritte zu werfen, überall wird er missverstanden, mundtot gemacht, diskriminiert ;-(. Er heißt Harald oder Jochen oder Ulf oder Jan und fragt sich manchmal, warum er nun von einer kommunistischen, kopftuchtragenden Lesbe im Rollstuhl abgelöst werden soll. Warum nur!? Er macht sich Sorgen um seine Zukunft als verletzbares Wesen. Er fühlt sich von »der politischen Korrektheit«, vom »Tugendterror« und von Minderheiten allgemein unterdrückt. Er heult so laut herum, dass ich meine innere Olympia-Hymne immer öfter noch lauter stellen muss, um den Tinnitus zu übertönen, den ich mittlerweile bei der Lektüre solcher Opfertexte bekomme.

Im April 2019 erschien auf *Spiegel Online* zum Beispiel eine Kolumne des Autors Jan Fleischhauer mit der Überschrift »Ich, einfach diskriminiert«. In diesem Text beschreibt sich Fleischhauer selbst als marginalisiertes Individuum und nimmt die Autorenschaft des *Spiegel* als Proxy für die vermeintlich linke, ausgrenzende und gemeine Hegemonie der Gutmenschen: »Wenn man es genau nimmt, gehöre selbst ich einer diskriminierten Gruppe an. (…) Schauen Sie sich die Reihe der Kolumnisten an. Alles Leute, die mehr oder weniger links stehen und dies auch jede Woche unter Beweis stellen. Glauben

Sie nicht, dass es immer einfach wäre, unter diesen Bedingungen zu arbeiten! Ich bin sicher, dass es eine Reihe von Kollegen gibt, die mich für rückständig und integrationsunwillig halten. Ich bin, wenn Sie so wollen, der Muslim des *Spiegel.*«

Das soll ein wenig nach Ironie klingen, im Subtext schwingt aber eine Sehnsucht nach einem Opferstatus mit. Als ob Jan Fleischhauer jemals in einer Moschee sitzen würde und Angst haben müsste, dort wahlweise bei einem islamistischen oder rechtsextremen Terroranschlag getötet zu werden. Als ob Jan Fleischhauer an Flughäfen oder Bahnhöfen von der Polizei drei- oder vierfach kontrolliert oder von Medien stets als Teil einer Gefahr dargestellt würde. Als ob Jan Fleischhauer fürchten müsste, eines Tages von Bundeskanzlerin Beatrix von Storch deportiert zu werden.

Von der romantisierten Opferrolle, so erkläre ich mir dieses Phänomen zumindest, versprechen sich die Haralds, Jochens, Ulfs und Jans dieser Republik Aufmerksamkeit, Empathie und Anerkennung. Ein Opfer, das beispielsweise beim *Spiegel* oder in einem anderen Medium Kolumnen schreibt (Jan Fleischhauer ist mittlerweile beim nicht so ganz linksverdächtigen *Focus* gelandet), hat es aus eigener Kraft geschafft und profitiert nicht von den strukturellen Privilegien, die alte weiße Männer der antirassistischen Kritik zufolge meist haben. Einem Opfer, so das Selbstversprechen, fliegen die Sympathien förmlich zu. Fleischhauer möchte sich erheben, indem er sein

»hartes Leben« in Relation zu jenen setzt, die in den vergangenen Jahren immer öfter und hörbarer über *reale* Alltagsdiskriminierungen und Unterdrückung sprechen. Je häufiger man solche Autor*innen kritisiert, ihnen nicht zujubelt (wie sie es sich vorstellen), desto extravaganter inszenieren sie sich als Opfer.

Privilegierte Weiße unternehmen darüber hinaus den Versuch, sich die reale Diskriminierung anderer Gruppen aus anderen Kontexten anzueignen oder sie so umzuinterpretieren, dass sie sich als Betroffene präsentieren können. Viele Christians, die sich auf die Feindschaft gegen Christen im Allgemeinen beziehen, verweisen gerne auf die reale staatliche und gesellschaftliche Diskriminierung von christlichen Minderheiten in Ländern wie Pakistan, China, dem Irak oder Ägypten. Dieser Vergleich hinkt, denn (1) lebt der Christian weder in Pakistan noch in China, im Irak oder in Ägypten, (2) würde er dort aufgrund seiner weißen Privilegien mit hoher Wahrscheinlichkeit Immunität gegen diese Art von religiös-staatlicher Diskriminierung genießen, gar bevorzugt behandelt werden, und (3) haben einige weiße Glaubensgeschwister von Christian versucht, die Menschheit mit Gewalt zwangszuchristianisieren.

In Marokko oder Algerien zum Beispiel herrschen Vorbehalte gegen christliche Würdenträger oder Institutionen. Denn der Kolonialherr kam vor nicht allzu langer Zeit und argumentierte mit Jesus, warum er von allem Besitz ergreifen könne. Es gibt kein gutes Argument,

Minderheiten zu unterdrücken – egal welche, egal wo, egal von welcher Gruppe ausgehend. Die Aneignung des Schmerzes und der Verfolgungsgeschichte von wahrhaftig diskriminierten Menschen ist allerdings eine Relativierung dieser realen Unterdrückung. Christian spuckt mit seiner Opfersehnsucht, wie viele konservativ-christonormative Politiker in Europa mit ihrem »Wir Christen sind hier in Gefahr« auf das Schicksal der christlichen Minderheiten in Pakistan, China, im Irak oder Ägypten. Selbstlose Nächstenliebe ist das zumindest nicht.

Es gibt auch eine andere Strategie, die mit einem kleinen Umweg dafür sorgen soll, dass man als Opfer und damit Sieger aus diesem abstrusen Wettkampf geht: Ein bekannter Reporter einer großen deutschen Zeitung sagte mir einst, dass er Thilo Sarrazin mutig, inspirierend, einfach toll fände. Gar nicht wegen seiner Inhalte (was natürlich gelogen war), mehr wegen seiner Rolle als Kämpfer für die Meinungsfreiheit. Der Reporter erklärte dann weiter, dass er Sarrazin bewundere, weil dieser gegen den großen Widerstand einer Mehrheit Dinge sage, die angeblich nicht mehr ausgesprochen werden dürften. Natürlich ist diese Aussage dumm, ist der ehemalige Berliner SPD-Finanzsenator doch einer der erfolgreichsten Bestsellerautor*innen der deutschen Nachkriegszeit. Hunderttausende Menschen haben seine Thesen in der ein oder anderen Weise gekauft. Von einem Opfer einer Meinungsdiktatur oder einer deutschen Jeanne d'Arc der Meinungsfreiheit kann da keine Rede sein.

Sarrazin, so erschien es mir aber, fungierte als eine Projektion des Reporters selbst. Er nutzte Sarrazin lediglich, um sich selbst als bedürftig zu inszenieren und damit über einen Umweg seinen eigenen Kommentar zur Privilegiendebatte loszuwerden. Der Reporter hätte genauso gut »Ich« statt »Sarrazin« sagen können. Und als der Reporter fundiert recherchierte Studien vor sich liegen hatte, die zeigten, dass Sarrazins rassistische Behauptungen über Muslim*innen und Vorurteile über Arbeiter*innen oder Hartz-IV-Empfänger*innen aus der Luft gegriffen sind, blieb er stur und weigerte sich, seine Haltung zu ändern. Auch weil diese Loyalität eine existenzielle Frage für den alten weißen Reporter darstellte: Ich finde Sarrazin gut, also existiere ich als Opfer. Ein echter Groupie geht halt mit seinem Idol durch dick und dünn.

Manchmal treibt die Opferolympiade ihre Athlet*innen sogar zu noch absurderen Höchstleistungen. Eins von vielen prominenten Beispielen aus den vergangenen Jahren ist die US-Amerikanerin Rachel Dolezal aus Spokane, im US-Bundesstaat Washington. Dolezal wurde im Juni 2015 weltberühmt. Damals machten ihre eigenen Eltern in einem Fernsehinterview publik, dass sich ihre Tochter jahrelang als Schwarze ausgegeben hatte, obwohl sie definitiv weiß ist. In der Rolle der Schwarzen Frau lehrte Rachel Dolezal afroamerikanische Studien an der Universität, sie saß als Ombudsfrau im Polizeikomitee von Spokane und leitete sogar die lokale Gruppe der

»National Association for the Advancement of Colored People«, die sich seit Beginn des 20. Jahrhunderts für die Rechte von Schwarzen Menschen in den USA einsetzt. Dolezal hat echte Schwarze und damit real von Diskriminierung betroffene Menschen schlicht angelogen. Selbst ihre besten Freund*innen und Mitstreiter*innen wussten nichts von ihrem Geheimnis.

Dolezal argumentierte im Zuge einer kontrovers geführten Debatte rund um ihre Person, dass sie sich halt Schwarz fühle. Sie verglich sich mit Caitlyn Jenner, einer Berühmtheit aus der Fernsehserie *Keeping Up with the Kardashians.* Jenner ist transgender. Einige (weiße) Beobachter*innen sahen im Fall Dolezal ebenfalls eine Parallele zur Diskussion rund um die Rechte von trans Menschen, also Personen, die in einem weiblichen oder männlichen Körper geboren wurden, sich aber nicht entsprechend fühlen und ihrem biologischen Geschlecht zuordnen möchten. Abgesehen davon, dass dieser Vergleich das reale Leid von vielen trans Menschen verharmlost, verkennt Dolezal mit ihrem *Transracialism* als weiße Frau, dass man Privilegien nicht einfach mit etwas dunklem Make-up, ein paar Minuten auf der Sonnenbank, künstlichen Haarlocken oder einem erlogenen Lebenslauf ablegen kann. Andersherum kann es sich keine Schwarze Person herausnehmen, sich einfach als weiß zu verkleiden. Die Imagination, als Opfer von Diskriminierung ein schönes Leben führen zu können, ist dabei an sich ein (weißes) Privileg. Auch viele weiße Deutsche setzen sich gerne Masken auf, um sich besser zu fühlen und ihre Schuldgefühle zu unterdrücken (siehe Kapitel 7). Aber warum diese aufwendige Maskerade?

Bei der Opferolympiade werden keine Medaillen verliehen, die Privilegierten haben es vielmehr auf ein funkelndes Stück Solidarität abgesehen. Denn Solidarität ist die Währung der privilegienkritischen Debatte in weiß dominierten Gesellschaften Europas und Nordamerikas. Wer benachteiligt wird, hat die Solidarität der Gemeinschaft verdient, um diese historisch gewachsene Benachteiligung abzumildern oder sogar ein Stück abzubauen. So zumindest in der Theorie. Wer nicht benachteiligt wird, geht dementsprechend – und zu Recht – leer aus.

Da bekommen Menschen wie Jan Fleischhauer natürlich Diskriminierungsneid. Fleischhauer steht hierbei nur stellvertretend für eine größere Gruppe von alten weißen Männern, die auch mal Gegenstand einer Soli-Party oder eines Empowerment-Workshops oder einer Quotendebatte sein wollen. Und das, obwohl sie keine Solidarität brauchen und auch kein Empowerment, um ihre Ziele zu erreichen. Niemand steht ihnen im Weg, niemand legt ihnen Hürden vor die Füße, niemand kann ihnen aktiv etwas wegnehmen. Dennoch gehen sie bei der Opferolympiade an den Start. In der Hoffnung, auf dem Opferpodest zu landen und wenigstens ein bisschen Solidarität abzubekommen.

Weil es schon irgendwie auch unterhaltsam ist, hier noch ein olympiaverdächtiges Beispiel: Im Jahr 2018 hingen einige Monate lang riesige Werbebanner des deutschen Süßigkeitenherstellers Katjes im Hamburger Hauptbahnhof. Der Slogan »Alles Veggie« prangte darauf, daneben waren normschöne, an chemisch produzierten Zuckergummis naschende Models zu sehen. Die Botschaft: Süßes ohne jegliche Art von Reue. Eine der Frauen auf den Plakaten, und das hat sich eine raffinierte Werbeagentur ausgedacht, trug ein rosa seidenglänzendes Kopftuch. Ihr Plakat baumelte über den Gleisen in der Mitte eines der größten Verkehrsknotenpunkte im ganzen Land. In Deutschland ist mit einem Kopftuch immer Kontroverse und damit auch Aufmerksamkeit garantiert. Aufmerksam wurde ich danach auf die vielen (freiwillig) vegan lebenden Menschen, die mich etwas zu euphorisch auf die Kampagne ansprachen. Weil klar: Wenn irgendwo eine Kopftuchfrau auftaucht, suchen sich Weiße einen Mohamed, um darüber zu diskutieren.

So sagte mir ein Veganer, dass er superinspiriert gewesen sei, als er die Katjes-Werbung im Bahnhof gesehen habe: »Wir Minderheiten müssen zusammenhalten!« Eine Veganerin schrieb euphorisch auf Facebook: »Veganer*innen und Muslime united! Gemeinsam sind wir stark und werden das alles durchstehen!« Was sie genau mit »alles« meinte, war nicht klar. Ein anderer Veganer nahm die Kampagne zum Anlass, um vom verbreiteten »Rassismus gegen Veganer« zu erzählen. Er sei neulich, fuhr er im Gespräch fort, im Café eines veganen Supermarkts – wo jedes Produkt so viel wie ein üppiger

Einkauf beim Discounter kostet – von der Bedienung diskriminiert worden. »Die Mitarbeiterin vom Café schaute mich an und sagte, dass sie leider keine Kuhmilch für meinen Cappuccino habe. Nur weil ich ein alter weißer Mann bin, kann ich kein Veganer sein!?« Neben mir stand eine andere, realitätsbezogene Person, und ich mied den Augenkontakt, um nicht kichern zu müssen. Denn dem Veganer mit Rassismuserfahrung (wie er mehrmals betonte) kullerten fast die weißen Tränen über die Wangen. Er müsse jetzt einfach stark bleiben, antwortete ich spontan. Mehr brachte ich nicht über die Lippen, auch weil die olympische Hymne so laut in meinem Inneren ablief, dass ich Kopfschmerzen bekam.

Solche Opferfantasien sind nicht nur nervig, sie werden irgendwann politisch. Die angeblich unterdrückten Veganer*innen, die vermeintlich diskriminierten Katholik*innen oder die subalternen Kolumnist*innen tun sich zusammen (als Privilegierte) und versuchen, für ihre Belange Lobbyarbeit zu machen und noch mehr Ressourcen (Empathie, Sendezeit, öffentliche Gelder …) in Anspruch zu nehmen. Obwohl es in Deutschland verpönt ist, für seine Rechte als marginalisierte Gruppe einzustehen, und viele angeblich diskriminierte Kolumnist*innen regelrecht die Schreibwut bekommen, wenn es Minderheiten wagen, für sich selbst zu sprechen oder sich gar zu organisieren (siehe Kapitel 3). Denn wenn Nichtweiße, jüdische Menschen, kopftuchtragende Muslimas oder Queers ihre Lebensrealität beschreiben, ihren

Schmerz, ihre Erlebnisse im Alltag voller Abweisungen und Degradierungen, heißt es mittlerweile automatisch, dass sie eine sogenannte Identitätspolitik (kurz IdPol) betreiben (siehe Kapitel 8). In konservativen Medien ist die IdPol-Kritik in den vergangenen Jahren zu einem eigenen Genre gewachsen. Indem man Minderheiten vorwirft, über ihre eigenen Belange zu sprechen, macht man es ihnen schwerer, genau dies zu tun. Wenn aber weiße Opfer IdPol betreiben, kommt ein Heimatministerium mit einem Milliardenbudget dabei raus. Die IdPol-Kritik findet das wiederum super. Es macht wenig Sinn, ich weiß.

Perfide wird es, wenn man die reale Diskriminierung von Minderheiten in Deutschland und Europa mit der imaginierten Diskriminierung einiger Weißer gleichsetzt. Im Frühjahr 2019 geisterte eine interessante Erhebung durch viele Medien. Die Soziologin Naika Foroutan brachte eine Studie heraus, in der sie ostdeutsche Perspektiven mit denen von muslimischen Migrant*innen vergleicht. In meinem politikwissenschaftlichen Grundstudium habe ich einst gelernt: Grundsätzlich kann man alles mit allem vergleichen. Birnen mit Äpfeln. Ananas mit Pflaumen. Ostdeutsche mit Muslim*innen. Es kommt aber darauf an, welche Vergleichsmethode man anwendet und zu welchen Ergebnissen man dabei kommt. Foroutans Studie fußt zu einem wesentlichen Teil auf der Selbsteinschätzung von Ostdeutschen. Westdeutsche wurden auch befragt, was sie von beiden Gruppen (Ostdeutschen und Muslim*innen) halten. Die Ergebnisse der Studie basieren also auf der subjektiven Einschätzung der Studienteilnehmenden. Das kann man so machen, dabei muss man aber aufpassen, welche Schlüsse man daraus zieht.

Ein Beispiel: Ostdeutsche sehen sich laut dieser Studie als allgemein benachteiligt an. 35,3 Prozent der befragten Ostdeutschen betrachten sich demnach als »Bürger zweiter Klasse«. 33,8 Prozent von ihnen denken, dass Muslim*innen auch dieses Schicksal in Deutschland ereilt. Daraus zauberten viele Redaktionen dann folgende Überschriften: »Ostdeutsche und Migranten ähnlich stark benachteiligt« (*Zeit Online*), »Ostdeutsche sind auch Migranten« (*taz*), »Lohn, Arbeitslosigkeit, Elitepositionen – Studie zeigt: Ostdeutsche und Migranten werden ähnlich stark benachteiligt« (*Focus Online*). Überall tauchten Ostdeutsche auf, die Essays schrieben, dass sie die neuen Muslim*innen seien. Ich glaube nicht, dass die Studie diese Lesart intendierte, sie lieferte aber einen guten Anlass für eine ostdeutsche Opferolympiade. Und so viele Weiße sprangen auf diesen Zug auf, weil die Fahrt damit so bequem erscheint.

Vieles trennt – auch mehr als drei Jahrzehnte nach dem Mauerfall – Ost- und Westdeutschland (darüber wurde und wird zu Recht viel geschrieben und gesprochen), aber vieles eint die beiden Deutschlands auch. Darunter: rassistische Strukturen in Politik, Wirtschaft und Gesellschaft, eine systematische Ausgrenzung von

Minderheiten im Bildungssystem und in der Kulturproduktion und ein Hang zur Selbstviktimisierung.

Wenn es zum Beispiel um die sogenannte Deutschfeindlichkeit geht, führt keine Mauer mehr durch das Land oder die Köpfe. Eine Weltmeisterin der Kür im Tränenwasserschwimmen ist die ehemalige CDU-Familienministerin und Kolumnistin im Springer-Verlag Christina Schröder. Sie stieß schon im Jahr 2010 mit einem Interview in der *Frankfurter Allgemeinen Sonntagszeitung* eine Kampagne zum Thema Deutschfeindlichkeit an, die in den meisten Redaktionen der Republik fruchtete. Politiker*innen in Westdeutschland stimmten zu, Politiker*innen in Ostdeutschland versprachen seitdem ihrer Wählerschaft, dass es zwischen Stralsund und Chemnitz nicht so kommen werde, Cem Özdemir von den Grünen klatschte ihr Beifall. Schröder warnte nämlich vor einer »Deutschfeindlichkeit im eigenen Land« und beschrieb, wie weiß-deutsche Kinder an sogenannten Brennpunktschulen in (meist west-) deutschen Städten von nichtweißen Kindern, die dort in der Mehrheit sind, unterdrückt würden. In ihren Springer-Kolumnen wärmt sie den Topos der Diskriminierung von echten (also weißen) Deutschen immer wieder gerne auf – mit Erfolg über die Springer-Leserschaft hinaus.

Einige Jahre später entdeckte die AfD die »Deutschfeindlichkeit« für sich. Sie macht seitdem im Bundestag, auf Flyern und im Netz Wahlkampf und Stimmung damit – während auch andere rechtsextreme Milieus den

Begriff für ihre Zwecke nutzen. Für Pegida sind beispielsweise »alle Politiker, die nicht das deutsche Volk bewahren, deutschfeindlich«. Im Umfeld sogenannter Reichsbürger*innen fällt das Wort ebenfalls häufig. So rief ein prominenter Vertreter der Szene in Bayern dazu auf, »Deutschlandfeinde aus Notwehr« zu töten. In einem Manifest der bayrischen Reichsbewegung aus dem Jahr 2016 werden diese Feinde konkret benannt: »Journalisten, Politmarionetten, deutschfeindliche Juristen und Mitarbeiter in Behörden, die Juden sind oder von Juden gesteuert werden.«

Im Jahr 2019 führte das Heimatministerium schließlich »Deutschfeindlichkeit« als neues Themenfeld in der Statistik für politisch motivierte Kriminalität ein. Zwar erwies sich die neue Kategorie aufgrund der unklaren Definition und der verschwindend geringen Zahlen als statistisch irrelevant, aber es geht hier ja um eine gefühlte Realität der privilegierten Mehrheit.

In diesem Sinne meldete sich eine junge weiße Gymnasiastin, motiviert von ihrer weißen Lehrerin, um einen Vortrag von mir in Stuttgart Anfang 2020 zum Thema weiße Privilegien im deutschen Bildungssystem zu kommentieren. »Ich wurde mal von 15 Türken in der Grundschule gemobbt«, sagte die Schülerin. Und wies darauf hin, dass auch Weiße in Deutschland unterdrückt würden. Ich stellte zunächst eine Sache klar: Mobbing geht gar nicht. Egal gegen wen, egal von wem ausgehend. Dann war es mir wichtig festzustellen, dass es einen

Unterschied zwischen Mobbing und institutioneller Diskriminierung gibt und dass 15 türkischstämmige Grundschulkinder in Deutschland niemanden institutionell unterdrücken können. Auch nicht, wenn sie dabei von allen anderen Türkeistämmigen oder sogar Nichtweißen in Deutschland unterstützt werden würden. Denn die Positionierung eines Individuums als Teil einer Mehrheit oder Minderheit zählt. Die gemeinsame Geschichte und Beziehung zwischen Mehrheit und Minderheiten zählen auch. Macht ist ebenfalls ein wesentlicher Faktor.

Reverse Racism, wie es in der antirassistischen Fachsprache heißt, kann gar nicht existieren. Dieses Gedankenspiel (denn mehr ist es nicht) beschreibt die Diskriminierung von Weißen durch Nichtweiße. Um dies zu ermöglichen, müsste die Menschheit allerdings weit in die Vergangenheit reisen, den Kolonialismus umdrehen, sodass meine Vorfahren Madrid, Paris oder Berlin besetzen könnten, die Ressourcen Europas ausbeuten und eine Weltordnung schaffen würden, in der Afrika, Teile von Asien und Südamerika das Zentrum, Europa und Nordamerika die Peripherie bilden. Migrationsströme würden dann aus wirtschaftlichen und politischen Gründen vom Norden Richtung Süden führen. Vielleicht würden dann Weiße systematisch von nichtweiß dominierten Gesellschaften und Staaten unterdrückt und – wer weiß? – versklavt werden und so weiter und so fort … Wenn das alles so ähnlich gekommen wäre, könnten wir heute über Rassismus gegen Weiße sprechen. Bekanntermaßen kam es aber anders.

Ich fragte die Schülerin also, ob sie einen von den 15 ehemaligen Mitschüler*innen bei sich auf dem Gymnasium sehe. Sie schüttelte den Kopf. »Das liegt an der systematischen Diskriminierung im deutschen Bildungssystem gegen nichtweiße Kinder«, erklärte ich ihr. Denn die weiße Gymnasiastin, egal wie sie auf dieser gebrandmarkten und von der baden-württembergischen Bildungspolitik mit Kindern of Color vollgestopften Schule gelandet war, war dann anscheinend doch eine der wenigen, die da wieder herausgefunden haben. Der große Rest der mehrheitlich nichtweißen Schülerschaft ist Futter für den schlecht bezahlten deutschen Arbeitsmarkt für weniger Qualifizierte geworden. Die junge Frau nickte.

Das Mobbing, erklärte die Gymnasiastin zwischendurch, hätte darin bestanden, dass ihre Bullys ihre Sportschuhe einmal versteckt hätten und sie barfuß durch die Turnhalle hatte laufen müssen. Ein anderes Mal hätten »die 15 Türken« Kieselsteine in ihre Schuhe gelegt, sodass sie sich beim Anziehen wehgetan habe. Das ist nicht nett und sollte nicht passieren. Dieses Mobbing ist aber keine systematische Unterdrückung (wie Racial Profiling zum Beispiel), keine institutionelle Diskriminierung (wie sie gegen People of Color auf dem Wohnungsmarkt herrscht), keine strukturelle Benachteiligung von Nichtweißen (wie es im deutschen Schulsystem Tradition hat). Und diese Realitäten, das war mir wichtig zu betonen, stellen auch nicht die subjektive Wahrnehmung der Betroffenen dar. Sie sind messbar. Sie sind real. Tausendfach beschrieben, aufgearbeitet, nachlesbar (siehe Kapitel 9). Ich hatte den Eindruck, dass die Gymnasiastin nach unserem Gespräch den Unterschied zwischen Mobbing und der Diskriminierung von Schüler*innen of Color verstanden hatte. Ihre Lehrerin hatte es, nach ihrem Gesichtsausdruck zu urteilen, nicht kapiert. Oder vielleicht wollte sie es nicht verstehen?

Nicht nur Individuen packt der Sportsgeist bei der Opferolympiade: Auch Institutionen nehmen gerne Anlauf und machen bei den Spielen mit. Bestes Beispiel: Polizeibehörden und -gewerkschaften. Als im Jahr 2020 in Deutschland eine Debatte über rassistische Polizeigewalt und staatliche Willkür bei Sicherheitsbehörden ausbrach, inszenierten sich Polizeifunktionär*innen als die wahren Opfer. Die grundlegende Systemkritik an der staatlichen Sicherheitsarchitektur (Wen schützt die Polizei eigentlich vor wem?) führte dazu, dass Polizeigewerkschaften und die mit ihnen befreundete deutsche Sicherheitspolitik die Debatte umleiten wollten – unabhängig von der eigentlichen Faktenlage. Eine wissenschaftliche Studie zu rassistischer Polizeigewalt in Deutschland? Laut Innenminister Horst Seehofer nicht nötig, weil es ja keinen strukturellen Rassismus in der Polizei geben könne und Racial Profiling eh verboten sei (!). Ein Antidiskriminierungsgesetz, das Betroffenen erleichtert, ihre Menschenrechte durchzusetzen? Geht gar nicht, weil Uniformträger*innen ihre Arbeit nicht mehr machen könnten, wenn sie auch auf Antidiskriminierungsgesetze achten müssten. Eine unabhängige Aufklärungsstelle für Polizeigewalt? Nein, das würden zu viele Polizist*innen persönlich nehmen. Berichterstattung über die Opfer von staatlicher Willkür? Ungern, weil eher darüber berichtet werden sollte, wenn Polizist*innen von Linksautonomen mit Farbbeuteln beworfen werden.

Ein Journalist zeigte mit seiner Aussage zum Thema Racial Profiling sehr gut, wie die Selbstviktimisierung mächtiger Institutionen wirkt. Er sagte: »Ich will auch nicht Horst Seehofer oder die Polizei pauschal stigmatisieren.« Dabei ist eine Stigmatisierung von mächtigen Akteur*innen die Quadratur des Kreises, also eigentlich unmöglich. Das Ding ist: Ein*e bewaffnete*r Polizist*in und eine nichtweiße Person, die anlasslos kontrolliert wird, sind nicht gleich. Der*die Polizeibeamt*in ist bewaffnet, hat das staatliche Gewaltmonopol und eine einflussreiche Gewerkschaft im Rücken, die andere Person hat das in der Regel nicht. Sich mit Revolver als Opfer darzustellen ist mehr als nur absurd. Es ist peinlich. Selbst als Morddrohungen mit der Unterschrift »NSU 2.0 HEIL HITLER« samt sensibler Daten aus Polizeidatenbanken an verschiedene Kritiker*innen der Polizei verschickt wurden, lancierten führende Polizist*innen und Sicherheitspolitiker*innen Statements mit Ausdrücken wie »polizeifeindlich«, »Bürgerkrieg« gegen Beamte oder »gestörtes Verhältnis zur Polizei«.

Es gibt Weiße, die dauerbeleidigt sind und es einfach nicht akzeptieren wollen, dass sie von strukturellen, historisch gewachsenen Privilegien profitieren (siehe Kapitel 1). Sie klammern sich dann an einzelne Begriffe. So zum Beispiel während der Causa »Umweltsau« Ende 2019. Eine WDR-Lokalredaktion ließ im Zuge der Debatte rund um die Klimakrise einen Kinderchor ein satirisch umgedichtetes Lied singen. »Meine Oma fährt im Hühnerstall Motorrad. Das sind tausend Liter Super jeden Monat. Meine Oma ist 'ne alte Umweltsau«, lautete der Refrain. Meine Güte, regten sich alte weiße Männer (und Frauen) darüber auf! Der Ministerpräsident von Nordrhein-Westfalen meldete sich zu Wort und verurteilte die Aktion: »Der WDR hat mit dem Lied ›Meine Oma ist 'ne alte Umweltsau‹, das die Redaktion den Dortmunder Kinderchor singen ließ, Grenzen des Stil und des Respekts gegenüber Älteren überschritten.« Deutschlandtwitter kochte über, einer der Redakteur*innen wurde von Rechtsextremen bedroht, und Neonazis demonstrierten vor dem WDR-Gebäude in Köln. Dabei hatte Tom Buhrow, der Intendant dieser Anstalt, längst veranlasst, dass das entsprechende Video aus der Mediathek gelöscht wurde, und sich für die Beleidigung der deutschen Großmutter entschuldigt. Ich habe nicht mitbekommen, dass sich Buhrow jemals für die vielen unlustigen rassistischen, antisemitischen Karnevalswitze in seinem Programm entschuldigt hat. Als eine weiße Kabarettistin für ihre klar antisemitischen Aussagen auf einer WDR-Bühne wenige Monate später von jüdischen und anderen Stimmen kritisiert wurde, hielt der WDR natürlich zu ihr. Aber das zeigt, wie wirksam IdPol sein kann. Die deutsche Oma-Lobby kann effizient zurückschlagen, Minderheiten werden dagegen ausgelacht, vertröstet, beiseitegeschoben. An anderen Stellen bringen Opferolympiaden wirklich alle Menschen in Lebensgefahr: Zum Beispiel, wenn Corona-Leugner*innen keinen Abstand halten (auch neben Nazis nicht), sich mit Opfern des Holocausts vergleichen, das tödliche Virus weitertragen und dieser faktenfreie Wahnsinn als legitimer Protest betrachtet wird.

Ich wundere mich sehr oft, worüber Deutschland manchmal so diskutiert, und entscheide mich immer öfter, im Moment der Debatte gar nichts zu sagen oder zu schreiben. Die Sache mit der Umweltsau taugt beispielsweise höchstens als diskursives Forschungsobjekt, nicht als Gegenstand einer ernsten Debatte. Die weiße Opferolympiade führt nämlich nicht weit. Als tatsächlich von Rassismus betroffene Person kann man dabei nur verlieren. Ein gesellschaftlich definiertes Ziel könnte dagegen heißen: Niemand soll mehr Opfer sein. Ich will zumindest keins sein. Deswegen verleihe ich hiermit also feierlich allen Christians, Haralds, Jans, Ulfs und Jochens dieser Welt die große Opfermedaille in Gold. Ihr habt sie euch verdient!

3
Oder soll ich es lassen?

Das Gerücht, ich würde Mohammed ein Penisgesicht nennen, macht nun schon seit einigen Jahren die Runde, und es begegnet mir immer wieder hier und dort im Netz und auch offline. Zum ersten Mal hörte ich den Vorwurf, ich würde den Propheten des Islams verunglimpfen, bei einer Diskussionsveranstaltung kurz nach den Terroranschlägen auf die Redaktion der Satirezeitschrift *Charlie Hebdo* in Paris. Ich war im Januar 2015 als Reporter in Frankreich im Einsatz. Einige Monate später saß ich in Berlin auf einem Podium, um über das verallgemeinernde, rassistische Framing nach den Terroranschlägen zu sprechen. In weite Teile der Berichterstattung und politischen Diskussion mischte sich nämlich die Anschuldigung, alle Muslim*innen seien (potenziell) extremistisch, würden den Terror gutheißen oder hätten sich nicht aktiv für das Attentat entschuldigt. So wurden letztendlich der Anschlag, das Problem mit der Radikalisierung und der Schmerz der Hinterbliebenen für die rassistische Agenda rechtsextremer Säuberungsfantasien in Europa genutzt.

Nachdem ich und die anderen Gäste auf dem Podium gesprochen hatten, meldete sich eine bekannte Autorin of Color zu Wort. Sie saß im Publikum in der zweiten oder dritten Reihe, nahm das Mikrofon in die Hand und behauptete, ich hätte den Propheten beleidigt, geschrieben, er habe ein Penisgesicht. »Was soll das?«, fragte sie und blickte links und rechts um sich. Sie wartete auf Applaus, den sie auch bekam.

Weil ich damals noch sehr nett war und mich zugegebenermaßen etwas überrumpelt fühlte, fragte ich höflich zurück, wo ich das denn geschrieben haben soll. »In deiner Reportage aus Paris neulich«, sagte sie. Ich überlegte kurz und erklärte ihr dann, dass meine Aufgabe als Reporter darin besteht, Fakten zu beschreiben. Ein Karikaturist von *Charlie Hebdo* zeichnete das Gesicht des Propheten Mohammed auf Grundlage der Form eines Glieds samt Hodensack. Damit bediente er das rassistische Bild des hypersexualisierten Moslems, auf dem der *Charlie*-Humor mehr oder weniger basiert. Diesen Fakt hatte ich tatsächlich in einer meiner Reportagen erwähnt. Mehr nicht. Die Autorin setzte sich nach meiner Erklärung wieder auf ihren Stuhl und schüttelte weiter den Kopf. Nach der Veranstaltung kam sie auf mich zu, ich hatte den entsprechenden Text auf meinem Handy aufgerufen und wollte mit ihr darüber reden, doch sie wollte nur noch mal betonen, dass sie im Recht gewesen sei. Ich hätte Rassismus reproduziert. Und Rassismus sei ja ein großes Problem in Deutschland. Damals war ich, wie gesagt, überwiegend nett und höflich. Ich bedankte mich also für die wichtige Information und wandte mich anderen Gesprächen zu.

Diese kleine Geschichte macht mich nicht so betroffen, dass sie mir schlaflose Nächte bereitet. Aber ich stelle mir seitdem schon öfter einige unangenehme Fragen: Was macht der strukturelle Rassismus mit der Community of Color in Deutschland? Wie geht es uns dabei, tagtäglich physischen und verbalen Angriffen aufgrund unserer Hautfarbe und Herkunft ausgesetzt zu sein? Wie wird dabei unsere Psyche, unser Blick, unser Verhalten (vor allem untereinander) beeinflusst?

Die kurze Szene nach der Podiumsdiskussion rund um die Berichterstattung zum Terroranschlag auf *Charlie Hebdo* führt mir vor Augen, dass viel Wut und Empörung herrscht – bei jenen, die ich getrost als die Guten im antirassistischen Kampf bezeichnen kann. Damit meine ich also nicht die Tokens, migrantische Kronzeugen, die sich in den Dienst der Andersmachung stellen, die sagen »Ich bin Türkin und weiß zu berichten, dass die Integration einer großen Zahl von TÜRKEN in Deutschland gescheitert ist« oder »Ich war mal Moslem und schreibe nun ein Buch über den faschistischen ISLAM« oder »Ich bin Araber und sage euch: Habt Angst vor der Generation ALLAH!«. Mir geht es hier um People of

Color, die bei antirassistischen Demonstrationen mitlaufen, sich als Aktivist*innen engagieren, kritische Texte verfassen – aber bei alldem leider auch die Stimmung in der Community trüben, dabei dumme, destruktive oder wenig durchdachte Aussagen treffen oder Dinge tun.

Sehr oft sogar werfen sich People of Color in Deutschland gegenseitig Dinge an den Kopf, die uns verletzen und an unserem Engagement zweifeln lassen. Selbstkritisch möchte ich mich hier nicht als Heiligen darstellen, den das alles einfach kaltlässt. Die Stimmung beeinflusst auch mein Verhalten. Wut an sich empfinde ich nicht als etwas Schlimmes oder gar als ein Gefühl, das man unterdrücken sollte, wie mir als Autor oft von (meist weißen) Kolleg*innen empfohlen wurde. Jede von Diskriminierung betroffene Person hat das gute Recht, wütend zu sein und diese Wut vielleicht sogar zu kanalisieren, um Energie für den eigenen Überlebenskampf daraus zu gewinnen. Ich kann aber mittlerweile sehr fies werden, die Nerven verlieren, empört zurückschreien und wundere mich danach, wie mein Gemüt auf die allgemein aufgeheizte Stimmung in der Community reagiert.

Der häufigste Vorwurf, der mich aus der antirassistischen Ecke erreicht, kommt meist in einer empörten Frage verpackt: Wie kannst du nur für Mainstream-Medien oder große Buchverlage arbeiten? In vielen Redaktionen und Verlagen würden tagtäglich rassistische Diskurse reproduziert, Minderheiten fertiggemacht, über sie und nicht mit ihnen gesprochen. Das stimmt leider zu oft, möchte ich an dieser Stelle betonen. Wie ich selbst in den vergangenen zehn Jahren erlebt habe, passiert dies sogar zu einem Grad, der mich zunehmend beunruhigt und Existenzängste (im wahrsten Sinne) in mir auslöst (siehe Kapitel 1). Nur frage ich nach diesem Vorwurf immer zurück: Was soll ich sonst tun?

Ich möchte eigentlich ein netter Mensch sein. Doch es fällt mir auch in der Community, also in der antirassistischen Szene, immer schwerer, einfach mal zu lächeln. An immer mehr Orten, an denen man sich als von Rassismus, Sexismus oder Queerfeindlichkeit betroffene Person lediglich wohlfühlen möchte, ist es unerträglich geworden. In einem vermeintlich queeren und antirassistischen Club in Neukölln wurden laut Augenzeugenberichten Schwarze Besucher*innen an der Tür abgewiesen – weil sie Schwarz sind. Ein migrantischer, angeblich linker Café-Besitzer in Berlin gibt wie am laufenden Band Interviews, in denen er die Drogenkriminalität monokausal mit der Herkunft einiger Dealer*innen verknüpft und zum Beispiel außer Acht lässt, dass sehr, sehr viele Drogenkäufer*innen Weiße sind. Gemeinsam mit einem Bekannten habe ich neulich herumüberlegt, wie wir ein Netzwerk of Color initiieren könnten, in dem sich nichtweiße Medienschaffende, Unternehmer*innen und Wissenschaftler*innen austauschen. Erschreckend viele Namen sind gefallen, die wir lieber nicht dabei hätten: politisch cool, menschlich eher weniger.

Die Stimmung ist schlecht, wie in so vielen anderen

politisch organisierten und progressiven Kreisen in Deutschland und Europa auch, anders kann ich es leider nicht formulieren.

Da herrscht zum Beispiel die Tendenz, stets auch eine Opferolympiade auszutragen (siehe Kapitel 2). Auch tatsächlich diskriminierte und strukturell benachteiligte Menschen beteiligen sich an diesem Spiel. Es fließen dabei zwar keine weißen Tränen, absurd bleibt es trotzdem. Das Denkmuster, dass der eigene Struggle im Alltag und als Individuum in der Gesellschaft immer viel schlimmer sei, findet sich so leider auch unter eigentlich aufgeklärten People of Color wieder.

Colorism ist etwa ein Phänomen, bei dem Nichtweiße anderen Nichtweißen die Diskriminierungserfahrung absprechen. Beispiel: Ein Deutscher mit sri-lankischen Eltern sagt, türkisch-, kurdisch- oder arabischstämmige Menschen würden in Deutschland oder Europa keinen oder weniger Rassismus erfahren – weil sie im Vergleich zu ihm eine hellere Hautfarbe und eine andere Migrationsgeschichte hätten. Das ist mit Blick auf die Geschichte von Gastarbeiter*innen in Deutschland, die Morde des NSU, die Terroranschläge von Halle oder Hanau, den Generalverdacht gegen Muslim*innen und muslimisch gelesene Menschen seit den Anschlägen vom 11. September 2001 oder die polizeiliche Praxis des Racial Profiling natürlich Quatsch. Abgesehen davon, dass es sehr viele arabischsprachige Schwarze Menschen gibt. Der fiese, schlecht gelaunte Mohamed würde im Sinne der Opferolympiade vielleicht sogar sagen: Sei froh, dass du als Hindu gelesen wirst, und Menschen mit eingeschränkter interkultureller und politischer Kompetenz dabei an Gandhi, Shah Rukh Khan, farbenfrohe Bollywood-Filme, Chicken Tikka Masala und das Vorurteil des ausschließlich friedlichen Hinduismus denken. Ich weiß, wovon ich spreche, weil ich manchmal selbst für einen hinduistischen Inder gehalten werde und die meist weißen Betrachter*innen meines Körpers dann übertrieben nett zu mir sind – bis sie meinen Vornamen hören.

Mit der Aussage, Türk*innen, Kurd*innen oder Araber*innen seien weniger oder gar nicht von Rassismus betroffen, wurde aber erst mal ein Keil durch die von Rassismus betroffene Population getrieben – nur um die eigene Diskriminierung zu überhöhen. Am deutlichsten begegnet mir dieser Opferdiskurs innerhalb der Community of Color in Berlin. Sie ist groß, sodass viele Menschen mit verschiedenen Lebensläufen zusammenkommen und manchmal auf seltsame Weise aneinandergeraten.

Eine Freundin von mir, die einen dieser Pässe besitzt, die man (wäre da nicht die deutsche Aufenthaltsgenehmigung reingeklebt worden) ruhig als Papiermüll bezeichnen kann, erzählte mir von einer Begegnung mit ihrer Schwarzen, in Deutschland geborenen Kommilitonin. Meine Bekannte hatte sich bei einem Gespräch an der Uni darüber aufgeregt, wie sie am Flughafen in Frankfurt am Main doppelt und dreifach kontrolliert und von einem Polizeibeamten respektlos behandelt worden war. Die Schwarze Studentin (mit deutschem Pass gesegnet) hatte darauf bestanden, dass meine nordafrikanisch aussehende Bekannte es viel, viel, viel leichter habe im Leben. Anstatt eine Minute zuzuhören und Solidarität zu zeigen, war also ein sehr peinlicher Reflex ans Tageslicht gekommen: Dein Struggle ist weniger oder sogar nicht der Rede wert, lass uns lieber über meine Erfahrungen sprechen, die sind der *real shit*.

Meine Freundin berichtete mir von ihrem Erstaunen über diese Reaktion und einem unguten Gefühl, danach überhaupt von ihren rassistischen Erfahrungen an der Universität, den bösen Blicken in der U-Bahn oder den dummen Sprüchen über ihre Religionszugehörigkeit zu reden. Die Opferolympiade wird natürlich unter People of Color verstärkt, weil sie in der weißen Mehrheitsgesellschaft sehr oft auf Ablehnung stoßen, wenn sie ihre Geschichten erzählen. Man nimmt sie zum Beispiel in Institutionen wie der Polizei, der Schule und am Arbeitsplatz nicht ernst. Ihnen wird von einem Großteil der Mehrheitsgesellschaft ihr Schmerz abgesprochen, und sie müssen ihr Leid immer und immer wieder erklären, es so immer und immer wieder durchleben. In den sozialen Medien werden sie ausgelacht und fertiggemacht, wenn sie über das R-Wort sprechen. Einige von ihnen trauen sich nämlich nicht mal mehr, das Wort »Rassismus« auszubuchstabieren. Selbst ich ertappe mich manchmal dabei, wie ich es umschiffe, weil ich unsicher bin, wie

Weiße darauf reagieren werden (siehe Kapitel 1). Und nun dehnt sich diese Unsicherheit auch auf die nicht-weiße Community aus? Uff! Dabei bringt es doch keine von Rassismus betroffene Person weiter, wenn wir unsere Struggles in schlimm und schlimmer einordnen.

Natürlich ist die permanente Andersmachung, die man als Kind sri-lankischer Eltern in Deutschland erlebt, real. Der Rassismus gegen Schwarze Frauen in Deutschland ist nicht mit anderen Erfahrungen zu vergleichen. Anders ausgedrückt: Ich will keine Schwarze Person in Deutschland sein, so wie ich auch keine Frau und kein Geflüchteter und kein Jude in diesem Land sein möchte. Es muss hart sein, jeden Tag mit der entsprechenden sexistischen oder rassistischen oder antisemitischen Kackscheiße konfrontiert zu werden. Oder sogar mit einer Kombination davon. Einige müssen sich noch dazu mit Konflikten auseinandersetzen, die unter Minderheiten ausgetragen werden, so zum Beispiel antikurdischer Rassismus in Teilen der türkischen Community. Aber die schmerzvollen Erfahrungen anderer verletzbarer Gruppen einfach zu verharmlosen, das ist nur gemein und das Gegenteil einer utopischen Allianz der Minderheiten, wie ich sie mir manchmal erträume. Warum nur fühlt sich jemand besser, wenn er oder sie sich als größeres Opfer stilisiert? Das geht einfach nicht in meinen Kopf.

Ich glaube aber beobachtet zu haben, dass diese Opferolympiade besonders gerne in Deutschland durchgespielt wird. Generell habe ich in den vergangenen Jahren mitbekommen, dass es hierzulande zwei Gruppen von nichtweißen Menschen gibt: jene, die in Deutschland aufgewachsen sind, hier ihr ganzes Leben verbracht haben, und jene, die als Erwachsene zugezogen sind. Es macht also einen Unterschied, ob man den Rassismus der deutschen Mehrheitsgesellschaft schon im Kindergarten erlebt hat oder ob man erst zum Hochschulstudium langsam entdeckt, dass es ein strukturelles Problem gegenüber verletzbaren Minderheiten gibt.

Ich bin so ein Zwischending: In Deutschland geboren und ab dem siebten Lebensjahr in Marokko aufgewachsen. Ich mag das Wort nicht, aber die Integrationsbeauftragten dieser Bundesrepublik würden sagen, ich bin so eine Art Brückenschläger. Hässliches Wort, ich weiß. Und so sitze ich manchmal zwischen den Stühlen und beobachte zum Beispiel, wie deutsche People of Color in Kairo Ägypter*innen von ihrem schwierigen Leben in Deutschland erzählen. Die Deutschen (wenn man nun strikt nach Passfarbe geht) reden und hören zu oft nicht zu. Ägypter*innen erzählen von sexualisierter Gewalt, vom Kontrollwahn religiöser Fanatiker (in Moscheen und Kirchen), von der Knechtschaft durch ein säkulares, autoritäres, militarisiertes Regime und der kapitalistischen Ausbeutung durch postkoloniale Wirtschaftsstrukturen. Deutsche antworten dann: In Deutschland ist es so viel schlimmer. Augenroll. Das kann man zumindest als taktlos bezeichnen, wenn nicht sogar als naiv und ignorant.

Ich verstehe schon, dass es viele deutsche People of Color wütend macht, was in diesem Land abgeht und wie Weiße mit Minderheiten umgehen (siehe alle anderen Kapitel in diesem Buch), aber warum muss man dadurch automatisch unsensibel für andere Kontexte werden? Geht es nicht darum, dass wir uns gegenseitig bestärken? Das Toxische, das vor allem durch die Mehrheitsgesellschaft in unseren Alltag geleitet wird, es bleibt kleben, färbt ab, geht nicht wieder weg – egal wie oft man versucht, sich mit postkolonial-kritischer Theorie, Empowerment oder Meditation davon zu befreien.

Der Psychiater Frantz Fanon hat in seinem Standardwerk *Schwarze Haut, weiße Masken* über genau diese Gefühlslage bei People of Color nachgedacht. In der nicht so breit rezipierten, sehr gefühligen Einführung zu seinem Buch reflektiert der aus Martinique stammende und unter der französischen Besatzung leidende Fanon als von der kolonialen Unterdrückung Betroffener seine Gedanken zum Umgang innerhalb der Community. Von ihm stammen die Konstanten postkolonialer Analysen, dass es in weiß dominierten Gesellschaften um Machtverhältnisse, Positionierungen und konstruierte, gewaltsame Unterwürfigkeit zwischen Weißen und Nichtweißen geht. Doch hat genau diese historisch gewachsene Andersmachung einen Effekt auf die Psyche von Rassismus betroffener Menschen.

Fanon fragt sich beispielsweise in seinem Text, warum

ihm seine ebenfalls von der kolonialen Gewalt betroffenen Brüder (und Schwestern) auf Martinique noch nicht mal zuhören wollen. Fanon ist verwirrt, warum seine Struggles mit einem Schulterzucken kommentiert werden oder gar auf Ablehnung treffen – und das innerhalb der Community, die ja eigentlich geeint gegen den Kolonialherrn und seine Unterdrückungsmechanismen kämpfen müsste. Aber das Gegenteil ist der Fall: Innerhalb der Gemeinschaft der Kolonisierten herrschen ein rauer Ton, Gewaltfantasien und ein ausgeprägter Egoismus.

Die Sehnsucht, weiß zu sein, so meine Lesart von Fanons Text, leitet viele People of Color in ihrem Umgang mit anderen People of Color. Dementsprechend wird die Sehnsucht, DEUTSCH zu werden, sich also wie stets gefordert zu integrieren, zum wichtigsten Leitmotiv vieler Nichtweißer in diesem Land – tief vergraben in den Seelen der Nichtweißen, in die ja niemand blicken kann, die aber durch Aussagen und Taten Rückschlüsse erlauben. Wir werfen uns also oft Dinge an den Kopf in der Hoffnung, von den Weißen beachtet zu werden. Sich davon zu lösen, das gebe ich zu, ist sehr schwer, vielleicht sogar nie zufriedenstellend möglich.

Denn alles passiert im Kontext der x-ten Talkshow zum Thema Integration, dem x-ten Buch – auch von Sozialdemokrat*innen oder Grünen –, in dem Minderheiten pauschal anders gemacht werden, der x-ten Token-Aktion, die beweisen soll, dass es ein weißes Ideal gibt, und zwar im Rahmen eines kapitalistischen Systems, in dem es darum geht, durch Lohnarbeit und im erbitterten Wettbewerb zu überleben. Das alles, während Parteien wie die sogenannte »Alternative für Deutschland«, der französische Front National oder die italienische Lega Nord an die Macht streben, um Minderheiten undiplomatisch auszurotten. Der alltäglich erlebte Rassismus wird so zur Obsession, zum Trauma. Auch dort, wo es gar nicht nötig ist, dort, wo er geheilt werden könnte – in der Community.

In diesem Zusammenhang spreche ich immer gerne über meine Erfahrungen in den USA of Color. Ich weiß, dass die USA der Welt eine rassistische Dystopie vor Augen geführt haben und sich weiter bemühen, ganz oben in Sachen Unterdrückung von Minderheiten mitreden zu können. Ich weiß aber auch, dass es in vielen Städten der USA erstaunlich gut funktionierende Heilungsräume gibt, in denen der alltägliche Rassismus besser verarbeitet werden kann. Man gönnt sich dort Ruhepausen, organisiert sich solidarisch, um als Community stärker und selbstbewusst Gleichberechtigung zu fordern. Das derzeit größte Problem innerhalb der USA: rassistische Morde an Schwarzen Menschen. Das Bild eines weißen Polizisten, der im Mai 2020 George Floyd aufgrund seiner Schwarzen Hautfarbe getötet hat, zeigte die Wucht der rassistischen Gewalt im Land in einer bedrückenden Klarheit. Danach aber haben sich Millionen von US-Amerikaner*innen im Sinne einer kritischen Debatte rund um antischwarzen Rassismus und Polizeiwillkür mobilisiert. Diese Mobilisierungskraft verleiht wenigstens ein bisschen Hoffnung.

Viele Widerstandsinitiativen in den USA liefern also gute Vorlagen: Beim »Women's March«, der in den sexistischen USA der Ära Trump auf die Belange von Frauen aufmerksam machen wollte, werden die Perspektiven von Frauen of Color und von trans Frauen selbstverständlich mitgedacht und verarbeitet – während Teile des deutschen Feminismus im rechten Sumpf baden. Nachdem die Geschichte von George Floyd um die Welt ging, schrieb die weiß-deutsche Feministin Alice Schwarzer zum Beispiel einen Text. Der erste Satz im Teaser lautete: »Auch die Weißen haben Angst in Amerika«. Schwarzer und ihre Mitstreiter*innen sprechen über »den Islam«, über Geflüchtete oder allgemein nichtweiße Menschen oft so, dass man bei einem Quiz nicht erraten könnte, ob es die *Emma* oder vielleicht doch die AfD so gesagt hat. In den USA wird dagegen oft intersektional gesprochen und agiert: Beim »March for our Lives« geht es darum, die Macht der Waffenlobby zu brechen. Das Problem der Polizeigewalt gegen Schwarze Menschen wird dort auch in den Mainstream-Medien zentral verhandelt, weil es zentral ist. Bei #BlackLivesMatter werden von Anfang an auch Fragen von Klassismus und sozialem Status diskutiert. Während einige Deutsche of Color reflexhaft betonen müssen, dass sie es in Deutschland geschafft haben. Sie würden einen

»German Dream« leben, sagen sie. Schön für euch und herzlichen Glückwunsch, sage ich da nur.

Dabei braucht es in Deutschland genau solche intersektionale Herangehensweisen, die natürlich ihre Schwachstellen haben – mediale Kommerzialisierung zum Beispiel. Ich glaube aber, dass der antirassistische Widerstand in den USA so sichtbar ist, weil er auf der Solidarität innerhalb der verschiedenen Communitys fußt. Ich kann mir schon vorstellen, dass auch in der Black-, in der Latinx- oder der Asian American Community gestritten wird. Problematische Strukturen werden dort aber zielgerichteter und vor allem mit vereinten Kräften angegangen. Man hält sich zum Beispiel nicht groß damit auf, die Diskriminierungserfahrungen anderer zu diskreditieren.

Viele People of Color verlieren den Sinn für Prioritäten. Bei der Diskussion rund um die deutsche Sea-Watch-Kapitänin Carola Rackete zum Beispiel. Im Juni 2019 hat sie mehrere Geflüchtete vor dem Ertrinken gerettet und trotz der Drohungen der damals in Rom regierenden Rechtsextremisten im Hafen von Lampedusa angelegt. Einige antirassistische User*innen konzentrierten sich währenddessen in einigen sozialen Medien ausgerechnet auf die Frisur von Rackete. Da sie Filzlocken trage, hieß es in einigen Kommentaren, habe sie sich der kulturellen Aneignung schuldig gemacht. Dreadlocks seien nämlich ausschließlich Schwarzen Menschen vorbehalten. Rackete könne man deswegen nicht ernst nehmen, lautete das Urteil.

Tatsächlich ist die Aneignung und Kommerzialisierung anderer Kulturtechniken in Mode, Kunst und Kulinarik ein relevantes Thema – nur nicht, wenn es darum geht, Geflüchtete vor dem Tod zu retten. Kulturelle Aneignung kann man gut während des Eurovision Song Contests (Songwriter plagiieren traditionelle Klänge aus Korea und verkaufen sie als ihr eigenes Werk) oder der Mailänder Modewoche (Designkonzerne stehlen traditionelle Trachten aus Marokko und verkaufen sie als ihre eigene Idee) oder bei Kochbüchern (Küchenchefs klauen traditionelle Rezepte aus Peru und verkaufen sie als ihren eigenen Geschmack) kritisieren. Wenn Schwarze Menschen Dreadlocks tragen, verlieren sie ihren Job, wenn Weiße es tun, passiert ihnen nichts. Im Augenblick, in dem sich aber Carola Rackete einer in Europa herrschenden mörderischen Strategie der unterlassenen Hilfeleistung widersetzt, ist ihre Frisur zweitrangig. Diese Diskussion, finde zumindest ich, muss an anderer Stelle stattfinden. Hier sollte die Rettung von Menschen vor dem Ertrinken im Mittelmeer im Fokus stehen.

Ich frage mich stets, was wir hier (in Europa) eigentlich politisch tun können, um den global geltenden Strukturen von Diskriminierungen und Privilegien etwas entgegenzusetzen. Dabei steht im Mittelpunkt meiner Gedanken immer eine Priorisierung der Themen, der Berichte, der Perspektiven, die mal mehr und vielleicht mal weniger Aufmerksamkeit verdient haben.

Ich selbst führe in Deutschland ein gutes Leben, das

ich mir hart erarbeitet habe. Finanzielle Probleme, medizinische Mangelversorgung, eingeschränkte Reisefreiheit oder Zukunftsängste sind mir (zumindest derzeit) fremd. Einerseits, so habe ich mir vorgenommen, möchte ich mir meine Privilegien stets bewusst machen. Andererseits macht mich dieses Leben in Deutschland seelisch manchmal einfach fertig. Ein Großteil der weiß-deutschen Bevölkerung, so erscheint es mir, weiß nicht, wie gut es ihm geht, und bekommt auch nicht mit, dass er mit seinem historisch und wirtschaftlich gewachsenen Einfluss einen Unterschied in der Welt machen kann.

Den Höhepunkt meiner inneren Krise als Bewohner Deutschlands erreichte ich im Sommer 2018. Ich war damals als Reporter mit einer jordanischen Kollegin an der syrisch-jordanischen Grenze unterwegs, wo ich Menschen traf, die vor dem Terror des Assad-Regimes geflohen waren und auf eine hermetisch abgeriegelte Grenze stießen. Zehntausende Senioren, Frauen, Kinder, Männer, Kranke hatten schlicht Todesangst, von einer Fassbombe des Regimes zerfetzt zu werden. Sie kauerten in einer höllischen Hitze mitten in der kargen Wüste. Die wehrlosen Geflüchteten wurden zuvor von der Assad-Armee und ihren russischen und iranischen Verbündeten im Norden und von jordanischen Soldaten im Süden auf einem schmalen Streifen im Niemandsland zwischen den beiden Staaten zusammengetrieben. Beim Anblick der Menschenmasse, dem beißenden Geruch erkrankter Körper, dem Geschrei der Kinder in der sengenden Hitze kamen mir schon die Tränen – da wusste ich noch nicht, dass mich dieser Anblick später in den angenehm klimatisierten Büros Deutschlands in einer ganz anderen Intensität verfolgen würde.

Eine ältere Frau, die meiner eigenen Mutter stark ähnelte, kniete plötzlich vor meinen Füßen vor einem notdürftig aufgebauten Versorgungszelt des roten Halbmondes nieder und versuchte, meine Schuhe zu küssen. Pro Tag durften wenige, besonders schwache Frauen und Kinder für fünf bis zehn Minuten von Soldaten eskortiert eine Ärztin auf der jordanischen Seite der Grenze aufsuchen. Die Frau, die sich als Umm Abdeslam vorstellte, war zuvor mehrfach in Ohnmacht gefallen. Sie flehte mich an, ihren kleinen Enkel zu retten. Er würde sterben, habe seit Tagen schlimmen Durchfall, weine ohne Pause seit einer Woche, finde keinen Schlaf. Sie alle würden sterben, weil die Weltgemeinschaft sie in den Bombenhagel Assads zurückschicken wolle (was später genau so geschah). »Bitte! Sie sind meine letzte Hoffnung!«, sagte Umm Abdeslam, bevor sie von einem jordanischen Soldaten wie Vieh wieder ins Niemandsland getrieben wurde. Ich blieb zurück. In Freiheit. In Sicherheit. Mit meinen Privilegien ausgestattet.

Ich habe in meinem Reporterleben schon viel Elend gesehen, und ich würde noch nicht mal sagen, so zynisch es klingt, dass diese Szene die schlimmste überhaupt ist. Aber die Kombination aus dem verzweifelten Gesicht von Umm Abdeslam in meinem Kopf und einer Debatte, mit der ich mich drei Tage später in Hamburg konfrontiert sah, hat mich einfach krank gemacht.

Denn als ich in Deutschland ankam, diskutierte das halbe Land über einen Beitrag, der in der Wochenzeitung *Die Zeit* erschienen war. Meinem damaligen Arbeitgeber. Die Überschrift lautete: »Oder soll man es lassen?« Zwei Autorinnen schrieben dort ihre gegensätzlichen Meinungen auf, warum die private Seenotrettung auf dem Mittelmeer richtig oder falsch sei (siehe zur »Pro- und Contra«-Methode Kapitel 8). In dem Beitrag, der gegen die Seenotrettung agitierte, standen unter anderem folgende Sätze: »Je mehr gerettet wird, desto mehr Boote kommen – so einfach ist das, und so fatal.« Oder: »Leider wirken die Aktivisten aber auch an der Vergiftung des politischen Klimas in Europa mit. In ihren Augen gibt es nur Retter und Abschotter; sie kennen kein moralisches Zwischenreich.«

Für mich, der erst vor wenigen Stunden Menschen gesehen hatte, die mit hoher Wahrscheinlichkeit längst von Bomben zerfetzt worden waren, verhungert sind oder in Kerker eingesperrt und gefoltert wurden, waren diese menschenfeindlichen, egoistischen, gewissenlosen Sätze unerträglich. Am liebsten hätte ich geantwortet: Fick dein politisches Klima in Europa und erst recht dein verficktes unmoralisches Zwischenreich. Ich wäre, um ganz ehrlich zu sein, am liebsten einfach weggelaufen. Denn ich machte Twitter auf, schaute mir die Kommentarforen an, begegnete anderen Journalist*innen oder schlug die Zeitung auf, und es erschienen mir Pseudolinke, die nichts sehen, nichts hören, nichts sagen, nichts tun wollten – obwohl sie es konnten. Da waren Tokens, die was von »Spaß an linker Ideologiekritik«, »Seenotrettungsindustrie« oder »Wir können nicht alle aufnehmen« faselten. Alte weiße Männer, die es wagten, im Zuge dieses journalistischen Tiefpunkts den Satz zu tippen: Man kann ja heutzutage in Deutschland nichts mehr sagen! Rechtsextremisten freuten sich, dass man nun endlich Tacheles reden könne, und träumten von der praktischen Umsetzung ihrer Pläne.

Stets träumte ich in diesen Nächten im Juli 2018 von Umm Abdeslam vor meinen Füßen, im Staub der Wüste, verzweifelt und um das Leben ihres Enkels flehend – und wie ich nichts für sie tun konnte. Sie war ohnmächtig, und ich war es auf einer ganz anderen Ebene auch. Ich saß in Deutschland, mit meinem guten Leben, und konnte nichts sagen, konnte nicht einfach weglaufen, konnte nicht zurückschreien. Stattdessen wachte ich nachts erschrocken auf, nachdem mir im Schlaf die Tränen über die Wangen liefen. Mir kamen Selbstzweifel, ob das alles noch Sinn macht mit dem deutschen Journalismus: Oder soll ich es lassen?

Und dies ist nur eins von vielen belastenden Themen, mit denen ich mich als Journalist of Color in Deutschland befasst habe oder befasse. Ich recherchierte Anfang 2018 zum Beispiel zu einer Neonazigruppe in Berlin-Neukölln, die People of Color und Antifaschist*innen seit

Jahren mit Brandanschlägen, Morddrohungen und Einschüchterungen terrorisiert und dabei von den Sicherheitsbehörden wenig behelligt wird. Es existieren Anhaltspunkte, dass dieses Netzwerk etwas mit dem Mord an Burak Bektaş am 5. April 2012 zu tun haben könnte. Der damals 22-jährige gebürtige Berliner wurde an einer Bushaltestelle in Süd-Neukölln niedergeschossen. Wie im Wahn führte ich Interviews mit seinen Eltern, seiner Familie, seinen Freund*innen, mit Anwält*innen und Aktivist*innen. Ich besorgte mir die Ermittlungsakten und studierte nächtelang Hunderte Seiten immer und immer wieder – ohne eine neue Spur darin zu finden. Bis ich merkte: Ich habe selbst Angst davor, an der Bushaltestelle von deutschen Neonazis angeschossen oder von ihnen durch Neukölln gejagt zu werden. Dabei wäre ich noch nicht mal in der Lage, unbeschwert die 110 zu wählen – weil ich auch zu rechtsextremen Polizisten recherchiert habe und mein Vertrauen in die deutsche Polizei deswegen schwer erschüttert ist.

Das Video, das über die mobile Kamera des Attentäters von Halle am 9. Oktober 2019 während seiner Terrorattacke aufgenommen wurde und das ich mir für die Berichterstattung anschauen musste, verfolgt mich bis heute. Die Pamphlete, die von den Attentätern von Hanau, Christchurch und Utøya verfasst wurden, sie verfolgen mich bis heute. Die verbale Gewalt und Propaganda von AfD-Politiker*innen, ihren Freund*innen und Freundesfreund*innen gegen Minderheiten verfolgen mich bis heute. Sie sind sowieso ein konstanter Bestandteil meines Alltags – weil das alles mit meiner Existenz als Person of Color in diesem Land zusammenhängt.

Mit weißen Kolleg*innen über meine Gedanken und Gefühle zu reden bringt wenig, wie meine Erfahrung gezeigt hat. Viele Nichtbetroffene können das alles nur schwer nachvollziehen (siehe Kapitel 8). Einige von ihnen behaupten dann gerne, dass man bei der Formulierung seiner Verletzbarkeit und Betroffenheit die Objektivität als Autor*in verliere. Nicht so hilfreich. Ich gehe nämlich davon aus, dass es ein Zeichen der Stärke ist, offen mit seiner Verletzbarkeit und Betroffenheit umzugehen und sie zu thematisieren. Ich weiß aber, dass sehr viele People of Color – aus ganz anderen Kontexten – mit ihren eigenen Traumata in dieser von Andersmachung, Rassismus und egoistischer Menschenfeindlichkeit geformten Gesellschaft kämpfen und weniger Möglichkeiten haben, offen damit umzugehen.

Womit ich beim Thema psychische Gesundheit von Nichtweißen angelangt wäre. Natürlich macht uns der permanente Existenzkampf ein Stück kaputt. Und die professionellen Möglichkeiten, sich zu heilen oder sich helfen zu lassen, sind sehr begrenzt. Es gibt allgemein gesprochen nicht genügend Therapieplätze in Deutschland. In anderen europäischen Nachbarstaaten sieht es nicht besser aus. Im Durchschnitt muss man hierzulande mehr als 20 Wochen auf einen Platz warten, in ländlichen

Gebieten deutlich länger. Der allgemeine Personalmangel bedeutet auch, dass es nicht genügend Psychotherapeut*innen mit Migrations- und Diskriminierungserfahrung gibt. Im anglofonen Raum existieren Studien, die zeigen, dass People of Color, Frauen und queere Menschen von Therapeut*innen profitieren, die ihre Lebensrealität nachvollziehen können. Also von Therapeut*innen, die selbst of Color, weiblich oder queer sind.

In einem Erfahrungsbericht einer nichtweißen Patientin aus dem kanadischen Montreal heißt es zum Beispiel: »Meine Therapeutin war eine ältere weiße Frau. Als ich ihr von meinen Erfahrungen mit Rassismus erzählt habe, gab sie mir Anweisungen, wie ich richtig atmen könne. Sie hatte keine Nachfragen, keine Rückmeldung zu meinem Leid anzubieten. Ich fühlte mich danach noch isolierter und unverstanden.« In Nordamerika herrscht bei der Psychotherapie ein gut erforschtes gravierendes Ungleichgewicht: Laut der *American Psychological Association* sind rund 84 Prozent der Psychotherapeut*innen in den USA weiß, gleichzeitig sind laut Studien des US-Gesundheitsministeriums und der *National Alliance on Mental Illness* (vor allem aufgrund sozialer Faktoren) Afroamerikaner*innen und Angehörige der LGBTQI-Community anfälliger für psychische Erkrankungen. Die Unterfinanzierung der Gesundheitssysteme, der medizinische Fachkräftemangel und vor allem die mangelnde Diversität unter ausgebildeten Therapeut*innen und Psychologiestudierenden treffen Minderheiten am härtesten. Dieser Mangel stellt eine existenzielle Gefahr für People of Color dar.

Es gibt hierzulande noch keine umfassenden Studien zum Thema psychische Gesundheit von Minderheiten. Die Erkenntnis, dass es zu wenige nichtweiße Therapeut*innen gibt, ist allerdings gesichert. Ich kenne in Deutschland sehr viele Menschen of Color, die explizit nach einer Therapie mit interkultureller Kompetenz suchen – und keine finden. Ich bin einer von ihnen.

Ich habe im Sommer 2018 aktiv nach einer Therapie gesucht, bei der ich nicht das R-Wort umschiffen muss, bei der ich mich wohlfühle und alles aussprechen kann. Ich habe keine gefunden. Die wenigen Praxen, die eine gute Bewertung oder Empfehlung von Patient*innen of Color hatten, waren überlastet. Niemand ging ans Telefon, niemand rief zurück, nachdem ich eine Nachricht auf dem Anrufbeantworter hinterließ, niemand antwortete mir auf meine E-Mails. Oder es hieß einfach: »Entschuldigen Sie bitte meine verspätete Antwort. Leider habe ich derzeit keine Therapieplätze frei und kann auch nur schwer einschätzen, wann dies wieder der Fall sein wird.«

Vielen nichtweißen Menschen geht es dabei auch um das Thema Sprachkenntnisse und die Möglichkeit – vor allem für Geflüchtete –, in der eigenen Muttersprache Kriegserlebnisse, Fluchttraumata und Rassismus am neuen Wohnort zu verarbeiten. Aber auch in Deutschland sozialisierte Menschen suchen nach Gesprächspartner*innen, die einfach mal zuhören können. Nur ein Beispiel: Wenige Wochen nach meiner Recherche an der syrisch-jordanischen Grenze war ich Ende August 2018 durch Zufall für eine halbe Stunde am Hauptbahnhof in Chemnitz gestrandet. Am selben Abend, wenige Stunden später, wurden People of Color von Neonazis durch die Stadt gejagt. Wochenlang diskutierte halb Deutschland die per Video und Augenzeugenberichten dokumentierten Hetzjagden – vor allem aber darüber, ob es nun Hetzjagden waren oder nicht. Ich bin in Chemnitz als Bahnkunde also knapp einem meiner Schreckensszenarien entkommen.

Als ich in Hamburg und Berlin berichtete, dass mich am Gleis beim Umsteigen an dem Tag so viele blaue und grüne Augen herablassend und hasserfüllt angestarrt hatten, äußerten viele meiner weißen Kolleg*innen ihr Unverständnis. »Die Leute gucken halt«, hieß es da lapidar. So eine flapsige Reaktion auf meine Lebensrealität würde ich in einer Therapiesitzung gerne vermeiden. Den Effekt dieser Mikroaggression auf die Psyche eines Menschen nachvollziehen zu können ist die Aufgabe der Psychotherapie, nicht – wie mir oft von Patient*innen of Colour mit weißen Therapeut*innen beschrieben wird –, eine Erklärung für das Verhalten der anderen zu finden. Wenn ich mein Seelenleid in diesem Land im Rahmen eines Therapiegesprächs teile, kann ich nicht auch noch eine Definition von Rassismus oder Klassismus oder Sexismus oder Queerfeindlichkeit nachschieben.

Und natürlich macht es für eine psychisch belastete Person einen Unterschied, ob das Gegenüber dabei auch nur theoretisch auf den Gedanken kommen könnte, das Leid des Hilfesuchenden (un-)ausgesprochen zu relativieren. So wie es für viele Frauen relevant ist, dass keine Männerstimme antwortet, falls sie mal die Nummer des Hilfetelefons für häusliche Gewalt wählen müssen, so ist es für Nichtweiße, LGBTQI oder Menschen mit Behinderung relevant, sich untereinander aussprechen zu können (wie Weiße dies aktiv unterstützen können, steht in Kapitel 9). Weil nicht jede Person direkt zur Therapie geht und es ja wie gesagt eh viel zu wenige Angebote dafür gibt, bleibt oft nur die eigene Community übrig. Leider sind Teile dieser Community nicht nur in Deutschland kaputt.

Deswegen habe ich mir meinen eigenen, privaten *Safer Space* aufgebaut. Es ist mein engster Freundeskreis. Menschen, die mich verstehen und die ich verstehe. Wir bestärken uns und kümmern uns um unser Wohlergehen. Es ist eine feine Parallelgesellschaft – süß, humorvoll und voller Liebe und positiver Energie. Weiße haben keinen Zutritt (siehe Kapitel 9). Ich liebe meine Freund*innen und danke ihnen von ganzem Herzen, dass sie mich zurücklieben.

In Deutschland benutzte der Soziologe Wilhelm Heitmeyer im Jahr 1996 das Wort Parallelgesellschaft zum ersten Mal in der Wochenzeitung *Die Zeit* im negativen Sinne, mit dem es heute im deutschen Sprachgebrauch bekannt ist. Dabei meint Parallelgesellschaft eigentlich nur eine Gruppe, deren Mitglieder in jeglicher Hinsicht dieselbe Sprache sprechen, ähnliche Erfahrungen sammeln oder einfach gerne Zeit miteinander verbringen. Die deutsche Integrationshegemonie möchte mir diktieren, welche Freund*innen ich mir aussuchen darf und welche nicht. Mit wem ich über meine Psyche, Ängste und Hoffnungen reden darf und mit wem nicht. Aber ich kann und will bei meiner seelischen Gesundheit keine Kompromisse machen. Außerdem können Gymnasien, Dax-Vorstände, Heimatvereine oder Redaktionen, die nur oder mehrheitlich mit Weißen bestückt sind, getrost in diesem Sinne als die parallelsten aller Parallelgesellschaften bezeichnet werden.

Weil ich weiß, dass sich viele weiße Deutsche und ihre Tokens darüber aufregen, dass ich den *Safer Space* für People of Color feiere, habe ich den WLAN-Hotspot auf meinem Smartphone »Parallelgesellschaft« getauft. Wenn das Internet im Zug wieder mal nicht funktioniert und ich den Hotspot anschalte, schauen sich die weißen Fahrgäste, die mein Netzwerk gerade auf ihren Geräten entdeckt haben, empört im Waggon um. Da fallen wieder diese bösen Blicke auf meinen Körper. Ich lächle dann nur und kichere innerlich. Es ist in Deutschland verpönt, sich um sich selbst und seine Belange zu kümmern – wenn man einer Minderheit angehört. Deutschland muss sich jetzt aber einfach daran gewöhnen.

4

Die Neuerfindung der Welt

Erinnern Sie sich an den leitenden Redakteur aus Kapitel 1? Derjenige Redakteur, der sich bei mir beschwert hatte, dass er sich von meiner Kritik an weißen Privilegien und rassistischen Strukturen in die Ecke gedrängt fühle und deswegen als alter weißer Mann bald bestimmt gar nichts mehr sagen dürfe? Circa ein Jahr später saß ich mit ihm wieder an einem Tisch. Er redete munter vor sich hin und schwärmte dann von einem Text, den er durch Zufall im Internet entdeckt habe. Der Artikel sei soooo inspirierend und spannend, erkläre soooo viel, und überhaupt sollte ihn jede Person uuuunbedingt lesen, sagte er mit enthusiastisch funkelnden Augen. Ich wurde natürlich neugierig und setzte mich kurze Zeit später an meinen Rechner, um den Text aufzurufen.

Es handelte sich dabei um ein kurzes Essay, das in einem Onlinemedium erschienen und in acht Punkte gegliedert war. Das Thema: Der Rechtsruck in sogenannten westlichen Gesellschaften und was so alles daran hängt. Auf wenigen Zeilen wurden dabei sehr viele Aspekte nacheinander aufgelistet: weiße Privilegien, postmoderne Kritik daran, alte gesellschaftliche Normen, die nun aufgebrochen werden, radikaler Aktivismus von diskriminierten Minderheiten, der rechtsextreme Widerstand in vielen weiß dominierten Gesellschaften gegen die Emanzipation von verletzbaren Gruppen, sozialwissenschaftliche Studien, die das alles belegen, und so weiter.

Die meisten dieser Begriffe und Analysen wurden in den vergangenen Jahren von nichtweißen Autor*innen erdacht, weiterentwickelt oder aus anderen Sprachkreisen ins Deutsche übertragen. Zitiert wurde im Essay keine einzige von diesen nichtweißen Quellen, obwohl dies maximal drei bis vier Sätze gekostet hätte. Ich las den Text dennoch zweimal hintereinander, um ganz sicherzugehen, dass ich alles richtig verstand. Dabei nickte ich die ganze Zeit mit meinem Kopf. An der inhaltlichen Wiedergabe mir vertrauter kritischer Perspektiven of Color war an sich alles okay. Dennoch wunderte ich mich, warum der leitende Redakteur ausgerechnet bei mir in weiße Tränen ausgebrochen war, aber bei besagtem Essay jubelte?

Die Antwort auf diese Frage ist enttäuschend simpel: Der Autor des gefeierten Essays ist ein weißer Mann. Ich nicht. Viele Weiße, das zeigt die Erfahrung von sehr vielen Nichtweißen eindeutig, hören People of Color (bewusst oder unbewusst) nicht zu oder weigern sich, überhaupt mit ihnen über für Minderheiten relevante Themen zu diskutieren. Sagen weiße Menschen aber ähnliche oder exakt dieselben Dinge, wird es plötzlich »inspirierend« und »spannend«. Diese leider sehr verbreitete Heuchelei in weißen Mehrheitsgesellschaften stellt mich als Autor of Color vor sehr große Herausforderungen.

Denn hier geht es einerseits darum, wer über wen und was spricht, und andererseits, wer wem und wie zuhört. Weiße sprechen zu oft gerne unter sich – allein weil sie daran gewöhnt sind (siehe Kapitel 1). Solche Missstände im öffentlichen Diskurs existieren auch entlang anderer Personengruppen. Viele Frauen machen zum Beispiel die Erfahrung, dass Männer dazu tendieren, ihnen nicht zuzuhören, ihnen alles erklären zu wollen, sie nicht aussprechen zu lassen, ihre Ideen zu klauen und als eigene Leistung neu verpackt zu präsentieren. Viele Frauen können gut von diesem einen Typen berichten, der bei der Teambesprechung am Arbeitsplatz wenige Minuten später exakt dasselbe sagt und dafür gefeiert wird, während die Frau selbst zuvor mit einem fast identischen Redebeitrag ignoriert wurde. So ähnlich verhält es sich oft zwischen Weißen und Nichtweißen bei persönlichen Gesprächen, aber auch wenn es um den großen gesellschaftlichen Streit geht.

Wenn eine weiße Person über Rassismus spricht, dann hören ihr Weiße gerne oder eher zu. Wenn eine nichtweiße Person es tut, wird sie wahlweise ignoriert, trifft oft auf hochgezogene, schalldichte Wände oder auf Protest. Der besagte leitende Redakteur, so habe ich zumindest den Eindruck, lebt in einer isolierten eigenen Welt, in der er die Inkonsistenz seiner Reaktionen nicht mitbekommen kann und will. Ich habe beobachtet, dass Rassismus für ihn durchaus ein Thema darstellt – wenn es nur weit genug vom eigenen Umfeld entfernt verhandelt wird. Sehr klar konnte ich diese Konstellation bei der großen Black-Lives-Matter-Demonstration in Berlin nach dem rassistischen Mord an George Floyd in Minneapolis im Mai 2020 beobachten: Ich stand mitten in der Corona-Pandemie zwischen mehr als 15 000 Demonstrant*innen, viele von ihnen waren weiß. Ich hatte gemischte Gefühle, weil ich einerseits Erleichterung verspürte, dass so viele Menschen zu dieser wichtigen Demo erschienen waren, andererseits habe ich mir auch gedacht: Wo wart ihr verdammt noch mal, als vor wenigen Wochen in Hanau neun junge People of Color ermordet wurden? Als vor wenigen Monaten in Halle eine Synagoge gestürmt wurde? Als der NSU aufflog? Und dann, zu allem Überfluss, entwickelte sich die Debatte über Polizeigewalt in Deutschland zu einem Streit über die Menschenwürde von Polizist*innen. So als gäbe es keine strukturellen Probleme mit Beamt*innen, die bewaffnet sind, und keine BIPoCs, die von der Gestaltung dieser Staatsgewalt bedroht sind. In den USA haben sie ein großes Problem mit Rassismus und für Weiße exklusiv reservierte Privilegien, das hat mir auch der besagte Redakteur mehrmals aus seiner Sicht so beschrieben. Im deutschen Kontext ist Antirassismus für denselben Redakteur und für so viele andere weiße Deutsche aber eine unangenehme, unbequeme, unnötige Debatte – von einem Mohamed angestoßen sowieso.

Ich weiß, dass dies alles ein bisschen verbittert klingt und ich mich eigentlich nicht wundern oder beschweren sollte. Immerhin halten Sie dieses Buch in Ihren Händen. Und sollte ich mich darüber hinaus nicht freuen, wenn Weiße antirassistische Forderungen irgendwie zur Kenntnis nehmen? Dennoch sei folgende Frage ebenfalls erlaubt: Wie kann es sein, dass Weiße aus der Kritik und den wichtigen Gedanken von Nichtweißen manchmal mehr Aufmerksamkeit und Kapital für sich selbst ziehen können?

Es gilt mittlerweile auch in Deutschland einfach als cool und woke, rassistische Strukturen (die am besten weit, weit weg sind) anzuerkennen. Entsprechende Satire, Filme oder Kunst aus den USA werden von weißen Deutschen gerne konsumiert, nicht nur, weil sie unterhaltsam sind, sondern weil sie ein Zeichen der eigenen Progressivität darstellen. Zu Beyoncé tanzen ist angesagt, ihre antirassistischen Texte und Performances zu verstehen und auf das eigene Umfeld anzuwenden: zu viel verlangt. Nachdem Black Lives Matter auch in Deutschland ankam, schmückten sich viele Medien mit Schwarzen Menschen auf den Titelbildern. Die rassistischen Strukturen innerhalb der Redaktionen wollte aber niemand so wirklich antasten.

Es geht dabei allerdings nicht nur um eine Aura, mit der sich vermeintlich progressive Weiße gerne einsprühen. Einige von ihnen sind dreister und laufen durch die Welt mit ihren Notizbüchern, um sich die harte Arbeit von Nichtweißen regelrecht anzueignen. Und da geht es nicht nur um fehlende Quellenangaben.

Ich war neulich mit einem weiß-deutschen Autor verabredet. Wir kannten uns flüchtig und wollten schon immer mal zusammen eine Limonade trinken. Ich war fest davon ausgegangen, dass wir einfach locker über dies und das reden werden. Stattdessen holte er ganz zu Beginn – er hatte sich erst wenige Sekunden auf dem Stuhl niedergelassen – sein Smartphone aus seiner Tasche, öffnete die Notiz-App und bat mich darum, ihm ein paar Gedanken zum Thema Rassismus zu diktieren. Er wolle nämlich selbst ein Buch über Rassismus schreiben, sagte er. Denn er finde meine Arbeit und die Arbeit von vielen Autor*innen of Color wichtig – um ein breiteres Publikum zu erreichen, brauche es aber jemanden wie ihn. Denn Weiße, sagte er, hören weißen, heterosexuellen, cis Männern halt eher und gerne zu (siehe Kapitel 8).

Nun hat er mit dieser Analyse, wie gesagt, leider recht. Viele Weiße nehmen eher oder nur Weiße ernst. Und dennoch erschien es mir einfach dreist, dass er von mir verlangte, für ihn das Thema so aufzubereiten, dass er später seinen Namen auf einen Buchdeckel packen kann. Basierend auf nackten Zahlen wie Follower*innen oder Medienpräsenz kann ich guten Gewissens behaupten, dass meine Reichweite höher ist als seine. In diesem Augenblick dachte ich, dass man es so auf jeden Fall als weißer Ally nicht machen kann. Seinen Wunsch erfüllte ich also nicht, sagte bei diesem Treffen allgemein sehr wenig, schlürfe langsam und genüsslich an meiner Zitronenlimo aus der Flasche und ließ ihn sprechen. Denn manchmal beschränke ich mich in weißer Gesellschaft auf eine maximale Rolle als Beobachter.

Und das ist neu: In der Vergangenheit existierten Weiße meistens als Subjekte (denkend, redend, schreibend, agierend), Nichtweiße waren dagegen ausschließlich Objekte dieser weißen Wissensproduktion. Die Kulturwissenschaft, die Anthropologie und die Sozialwissenschaften sind geprägt von diesem weißen Blick. Weiße Anthropolog*innen fahren in abgelegene Dörfer Afrikas, Lateinamerikas oder Asiens, um die Völker dort zu studieren, oder sie nehmen den Vorortzug in europäischen Metropolen, um die nichtweiße Bevölkerung in der urbanen Peripherie zu erforschen. So praktizieren es auch weiße Journalist*innen oder politische Entscheidungsträger*innen. Andersherum, also dass Nichtweiße auf Weiße blicken, kommt weiterhin selten vor. Dabei werden selbst vermeintlich objektive Wissenschaften vom weißen Blick geformt: Die weiß und männlich dominierte Informatik produziert Algorithmen und Künstliche Intelligenz, die weiße Kunden bevorzugt, die westliche Pharmaindustrie entwickelt Medikamente, die auf die Bedürfnisse von Weißen abgestimmt sind, und der weiße Kanon in Literatur und Philosophie (siehe Kapitel 8) konnte bis jetzt erst zaghaft aus nichtweißer Perspektive dekonstruiert werden.

Immer wenn ausschließlich Weiße in der Autorenzeile, im Abspann, auf dem Podium, am Konferenztisch oder im Inhaltsverzeichnis auftauchen, ist das entsprechende Wissen zumindest unvollständig. Wenn stets dieselben Menschen auf einen bestimmten Sachverhalt schauen, übersehen sie mit hoher Wahrscheinlichkeit sehr viel. Deswegen ist es wichtig, dass ein neuer, frischer Blick auf diese Welt geworfen wird: von Frauen, Queers, Schwarzen, People of Color. Damit der weiße Kanon in allen Bereichen von Wissenschaft, Medien, Kunst und Kultur ergänzt werden kann. Doch sollten die Ergebnisse weiß dominierter Wissensproduktion deswegen einfach in den Müll wandern? Die Antwort lautet: Nein. Weiße müssen aber anfangen, sich, ihr Wissen und ihre Positionen kritisch zu hinterfragen – und einiges davon eigenständig in den Papierkorb zu werfen.

Im September 2019 schaute ich mir eine Dokumentation der US-Comedian Chelsea Handler für den Streamingdienst Netflix an. Der Titel: »Hello, Privilege. It's me, Chelsea«. Es geht darin um weiße Privilegien, die Handler an ihrer eigenen Person und Biografie mit viel Humor diskutiert. Als Zuschauer hatte ich dabei allerdings gemischte Gefühle. Einerseits war es erstaunlich, wie selbstkritisch Handler ihre eigene von Rassismus durchzogene Comedy der vergangenen Jahre analysierte. Das fand ich durchaus gut. Andererseits wiederholte sie dabei Konzepte, die hunderttausendfach von Schwarzen Aktivist*innen und Künstler*innen of Color erdacht und weiterentwickelt worden waren. Das hat mich genervt, kommt es doch so oft vor. Aber ebendiese Tatsache, also dass Handler sich den Schmerz, die Denkarbeit und den Widerstand von People of Color einfach angeeignet hatte, erklärten ihr Schwarze Aktivist*innen in derselben Dokumentation schonungslos vor der Kamera. Das fand ich wiederum gut. Der Film zeigt, wie schwierig und schmerzvoll es für Weiße manchmal sein kann, sich selbst kritisch zu betrachten und sich betrachten zu lassen (siehe Kapitel 1).

Die Kernfrage an dieser Stelle lautet wie folgt: Wie können Weiße über ihre eigenen Privilegien und über rassistische Strukturen reden, ohne die von Rassismus Betroffenen – also die rassifizierten Menschen unter uns – und ihre erbrachten Leistungen dabei zu übergehen? (siehe Kapitel 9)

Wie es auf jeden Fall nicht funktioniert, zeigen weitere Beispiele: Eine weiße Autorin, die ich eigentlich schätze, veröffentlichte 2019 ein Buch über die weiße Dominanz in Deutschland. Es wurde mir (natürlich von anderen Weißen) mit Nachdruck empfohlen. Also wurde ich schon wieder neugierig und blätterte mich durch die kurzen Kapitel. Ich bin schnell über eine vielsagende Passage gestolpert. Darin bewundert die Autorin, dass ein türkischstämmiger Anwalt Überlebende des Nationalsozialismus bei einem Gerichtsverfahren vertreten hatte. »Bemerkenswert« nennt sie diese Konstellation, als wäre das höchst ungewöhnlich. Und dann fragt sie den Anwalt in einem Absatz, ob man »eine solche Haltung von allen Migranten erwarten« könne. Was auch immer sie mit »Haltung« in diesem Zusammenhang genau meint (siehe Kapitel 7). Der Anwalt antwortet natürlich höflich und geduldig auf all diese Fragen. Viele People of Color sind einfach zu gut erzogen. Spätestens als die Autorin aber in den folgenden Sätzen auf die religiöse Praxis seiner Eltern zu sprechen kommt, hatte ich keine Lust mehr, weiterzulesen. Denn dort reproduzierte sich wieder dieser weiße Blick, der ständig auf Nichtweiße geworfen wird.

Auf dem Buchdeckel stand, dass es um Weiße geht. Im Buch selbst schaute eine weiße Person aber wie so oft auf Nichtweiße mit einem Minusblick. Also einem exotisierenden Urteil, das zur Andersmachung von People of Color beiträgt. Das finde ich wiederum bemerkenswert. Die Intention dieses Buches war vielleicht eine gute, aber ich spürte bei der Lektüre wieder dieses Unbehagen, von Weißen (ohne Mehrwert) betrachtet zu werden.

Eine gute Intention kann beim Thema weiße Privilegien manchmal sehr naiv daherkommen: Die Wochenzeitung *Die Zeit* hat schon im Jahr 2012 »Das Ende des weißen Mannes« auf ihrer Titelseite prophezeit. Zu sehen war der Schauspieler Terence Hill, wie er an einem mit imaginierten amerikanisch-indigenen Mustern geschmückten Mast festgebunden wurde. »Mächtig werden jetzt Frauen, Schwarze, Latinos«, lautete die Unterzeile. Die Kombination aus diesen Worten und der Bildsprache stellt – nebenbei erwähnt – die angeblich neuen Mächtigen in einem sehr ungünstigen Licht dar: Frauen, Schwarze und Latinos sind gewalttätig, und der arme Terence Hill mit seinen eisbonbonblauen Augen ist das Opfer dieser Gewalt. Der Hauptgedanke bei dieser Art von Deutungsjournalismus ist dabei fatal: Angela Merkel oder Barack Obama als »Diskriminierte an der Macht« zu interpretieren setzt automatisch einen Schlussstrich unter die Privilegiendebatte. Sexistische oder antischwarze Strukturen in den USA oder in Europa spielen bei dieser oberflächlichen Betrachtung vom Ende der weiß-männlichen Dominanz keine Rolle. Das ist so, als würde man sagen: In Nordrhein-Westfalen hat die Integrationsministerin türkischstämmige Eltern, und deswegen gibt es in Düsseldorf keinen Rassismus mehr. Dieser Sichtweise liegt ein fataler Trugschluss zugrunde: Denn in Wirtschaft, Politik, Medien und Kultur haben weiterhin weiße Männer das Sagen und die Gestaltungsmacht. Und es sieht leider nicht so aus, als würde sich das substanziell in nächster Zeit ändern. Terence-Hill-Analysen verschleiern diesen Fakt nur. Alte weiße Männer, die diese Analysen für sich entdeckt haben, setzen damit vor ihre eigenen strukturellen Privilegien lediglich einen Instagram-Filter. Hauptsache, alles hübsch. Und dann sind sie natürlich überrascht, wenn so jemand wie Donald Trump an die Macht kommt.

Ich möchte an dieser Stelle einen Schritt weiter gehen und nach den Ursprüngen der weißen Wissensproduktion und damit Dominanz suchen: Viele Ressourcen und Ideen, die Macht, Einfluss und Kapital bringen, haben sich weiße Männer nämlich von People of Color angeeignet.

Oft heißt es in Zuschriften von Internet-Trollen an mich: Nenn mir einen Türken oder einen Araber oder Moslem oder Schwarzen oder Nichtweißen, der einen Nobelpreis gewonnen hat. Ich weiß nicht, wie sie immer auf den Nobelpreis kommen, die Verfasser*innen dieser Briefe wollen mir aber damit nahelegen, dass Weiße angeblich qua Herkunft klug und Nichtweiße dementsprechend dumm seien. Auf diese absurde Dichotomie könnte ich mit einer langen Liste antworten:

Chen Ning Yang (Physiknobelpreis, China 1957)
Lê Đức Thọ (Friedensnobelpreis, Vietnam 1973)
Abdus Salam (Physiknobelpreis, Pakistan 1979)
Wole Soyinka (Literaturnobelpreis, Nigeria 1986)
Naguib Mahfouz (Literaturnobelpreis, Ägypten 1988)
Rigoberta Menchú (Friedensnobelpreis, Guatemala 1992)
Toni Morrison (Literaturnobelpreis, USA 1993)

Amartya Sen (Nobelpreis in Wirtschaft, Indien 1998)
Shirin Ebadi (Friedensnobelpreis, Iran 2003)
Muhammad Yunus (Friedensnobelpreis, Bangladesh 2006)
Tawakkol Karman (Friedensnobelpreis, Jemen 2011)
Malala Yousafzai (Friedensnobelpreis, Pakistan 2014)
Tu Youyou (Nobelpreis in Medizin, China 2015)
Das Quartett für nationalen Dialog (Friedensnobelpreis, Tunesien 2015)
Aziz Sancar (Nobelpreis in Chemie, Türkei/USA 2015)
Nadia Murad (Friedensnobelpreis, Irak 2018)
…

Doch auch folgende Gegenfrage fände ich sehr legitim: Warum soll der Nobelpreis, der von der weißesten Jury der Welt vergeben wird, überhaupt ein Maßstab für irgendetwas sein? Meistens entscheide ich mich allerdings für folgende Antwort: Während Individuen in weiß dominierten Gesellschaften und westlichen Staaten Nobelpreise einsammelten, bedienten sie sich strukturell an den Ressourcen und am Wissen der von ihnen unterdrückten Nichtweißen dieser Welt. Das von Weißen etablierte kapitalistische System in Wirtschaft und Bildung bevorzugt außerdem die westliche Wissensproduktion, während anderswo bis heute die Ressourcen fehlen, um Talenten den Rückenwind zu verleihen, den sie für Nobelpreise brauchen. Ehemals Kolonisierte mussten jahrzehntelang ihre ganze Kraft in die Wiedererlangung ihrer Freiheit und Würde stecken und hatten keine Kapazitäten für skandinavische Preisverleihungen mit ulkigem Protokoll frei. Die Ideen der Unterdrückten, und das ist der Knackpunkt, klaut die weiße Wissensproduktion aber bis heute fleißig weiter – um großen Profit zu erzielen.

Ich möchte die These zur Aneignung von Wissen of Color gerne am Thema Klimaschutz und Nachhaltigkeit illustrieren. Das alles passiert nämlich im großen kapitalistischen System, das sich konstant Innovationen und neue Bereiche sucht, um Geld zu vermehren, und dabei verkennt, dass sehr viele dieser vermeintlich innovativen Ideen anderswo schon existieren, ohne dass sie unbedingt vermarktet werden. Viele Weiße glauben nämlich, dass sie Vorreiter*innen in Sachen umweltverträgliches Wirtschaften und Leben sind. Egal ob Opfer-Veganer (siehe Kapitel 2), Start-up-Unternehmen aus Berlin-Kreuzberg oder Design-Studierende mit vermeintlich frischen Ideen für die Umwelt: Oft erfinden Weiße nur das Rad neu und eignen sich (mal bewusst, mal unbewusst oder eher unwissend) die Kulturpraktiken von Nichtweißen an – wie folgende vier Beispiele zeigen.

Zero-Waste-Lifestyle

Der plastikfreie Supermarkt, der in den vergangenen Jahren als umweltfreundliche Innovation in alternativen Stadtteilen von Berlin, London oder San Francisco immer wieder gefeiert wurde, ist eigentlich nur eine Kopie des alten Bazars oder Souks, in denen man zwischen Casablanca und Kalkutta schon seit Jahrhunderten einkaufen geht. So fühlte ich mich zumindest beim Betreten eines gefeierten plastikfreien Geschäfts in Berlin-Kreuzberg, das für sich mit dem Slogan »Erster Supermarkt weltweit mit Zero-Waste-Lifestyle« Werbung macht, an meine betagte Oma erinnert: Kreuzberger Kund*innen füllten Reis, Waschmittel und Saft in Behälter, die sie selbst mitgebracht haben – so wie es meine Oma in Marokko schon immer auf dem Markt in Meknès machte. In Nordafrika, im Nahen Osten, Südasien, aber auch in Europa kannten die Menschen lange Zeit keine Einwegtragetaschen, Flaschen oder andere Wegwerfartikel aus Plastik. Ein Material, das die westliche Spätindustrialisierung hervorgebracht hat und das Ozeane und Küsten verschmutzt und Milliarden von Lebewesen bedroht.

1961 gab das Kaufhaus Horten im rheinischen Neuss die ersten für den Massenkonsum gefertigten Plastiktüten aus. Danach verbreitete sich der Kunststoff rasant auch im sogenannten Globalen Süden. Millionen von Menschen stiegen dort von der umweltfreundlichen Alltagstradition auf die komfortzentrierte westliche Plastikkultur um. Weiße Menschen in Werbespots und Filmen hatten es so angepriesen. Doch immer mehr afrikanische Regierungen haben in den vergangenen Jahren den giftigen Kunststoff verbannt: In 34 von 54 afrikanischen Staaten wurden zum Beispiel Plastiktüten mittlerweile weitestgehend oder komplett verboten. Dort heißt es trotz

Korruption und westlicher Hegemonie: Zurück zur Zero-Waste-Tradition. In Nordafrika laufen Menschen wieder mit Strohkörben durch den Souk. Während eine kleine Minderheit in Europa plastikfrei einkaufen geht, macht die Plastiklobby in Brüssel bei der Europäischen Union und in Berlin bei der Bundesregierung im Sinne ihrer Interessen und ganz legal erfolgreich Politik. Ginge es nach diesen einflussreichen Lobby-Gruppen, darf das koloniale Plastik nicht einfach so verschwinden. »Erster Supermarkt weltweit mit Zero-Waste-Lifestyle« klang in Kreuzberg deswegen in meinen Ohren ein wenig übertrieben.

Die Mobilität der Zukunft

Mithilfe einer App, eines Navigationssatellitensystems, Algorithmen und superschneller Rechenkapazitäten ein Sammeltaxi rufen, das auf dem Weg andere Passagiere mit nahe gelegenen Zielen einsammelt: Das ist die schon heute in vielen Großstädten verfügbare Zukunft der Mobilität. Die Pooling-Funktion der Fahrdienste Uber, Lyft oder FreeNow, mit der man über das Smartphone auch in immer mehr deutschen und europäischen Städten blitzschnell Fahrgemeinschaften bilden, etwas Geld sparen und gleichzeitig die Umwelt entlasten kann, ist allerdings eine geklaute Alltagspraxis. Der US-Fahrdienstanbieter Lyft hieß zu Beginn sogar Zimride, da sich Logan Green, Gründer des milliardenschweren Logistikunternehmens, sein Geschäftsmodell auf den Straßen von Zimbabwe abgeguckt hat.

Denn seit Jahrzehnten praktizieren Passagiere in afrikanischen, asiatischen und südamerikanischen Gesellschaften genau diese Art der effizienten Sharing Economy. Sie teilen sich Produkte und Dienstleistungen. Kairo gilt beispielsweise zu Recht als ein urbaner Moloch, in dem man vor lauter Smog oft nicht atmen kann und stundenlang im Stau steht. Der weitestgehend informell organisierte öffentliche Personennahverkehr funktioniert dort allerdings so wie Lyft oder Uber. Nur dass man in Kairo für diese Art von Mobilität gar keine Technik braucht.

Steht man dort am Straßenrand und möchte in ein Sammeltaxi steigen, existieren für fast jeden Stadtteil allgemein bekannte Handzeichen: Man formt ein Dreieck mit beiden Zeigefingern und Daumen, wenn man zu den Pyramiden möchte, das Victory-Zeichen steht für Nasr City (das arabische Wort »Nasr« bedeutet Sieg), und wenn man in die Vorstadt des 6. Oktober fahren will, hält man einfach sechs Finger hoch. Im Verkehrschaos dauert es meist nur wenige Augenblicke, bis ein passendes Sammeltaxi anhält und einen mitnimmt. Auf ein reguläres Taxi, das man alleine nutzt, wartet man dagegen auch mal vergebens. Und im eigenen Auto, für das man selten auf Anhieb einen Parkplatz findet, steht man genauso im Stau – oft ohne die Möglichkeit zu haben, sich mit anderen Fahrgästen darüber aufzuregen. Vor allem deutsche und europäische Autokonzerne versuchen allerdings, mehr Menschen in Afrika und Asien aus purer Profitgier dazu zu bewegen, sich ein eigenes Auto anzuschaffen. Wenn man als Kunde Pech hat, bekommt man einen Diesel made in Germany ab.

Energieeffizientes Wohnen

Immer mehr moderne Gebäude regulieren über ihre besondere Architektur und Smart-Home-Technologien die Raumtemperatur ganz automatisch. Im Sommer sorgt das intelligente Haus dafür, dass es drinnen nicht zu warm wird. Die Sonneneinstrahlung wird zum Beispiel durch Jalousien, die sich automatisch öffnen oder schließen, blockiert. Im Winter wird durch eine effiziente Dämmung beim Heizen Energie gespart. Dieses energieeffiziente Haus existiert allerdings in einer traditionellen Form schon seit Jahrhunderten. Es steht in den Altstädten Nordafrikas und des Nahen Ostens, wo die Temperaturen bekanntlich schnell bis zu 40 °C und mehr erreichen können.

Am besten kann man die umweltfreundliche Architekturtradition in der Altstadt von Marrakesch erkunden. Dort wurden viele Gebäude im 15. und 16. Jahrhundert aus Lehmziegelsteinen erbaut. Die dicken Wände wirken dabei wie eine Dämmung. Sie sorgen im Sommer für eine Abkühlung, im Winter für Wärme. Außerdem wird der Straßenlärm blockiert. Verstärkt wird alles durch eine effiziente Stadtplanung, die mit weniger Raum auskommt. In den engen Gassen können gar keine Autos fahren. Deswegen gehen die Menschen dort zu Fuß oder fahren

Fahrrad. Ich kenne aber mehrere Austauschprogramme, bei denen europäische Stadtentwickler*innen und Architekt*innen nach Nordafrika reisen und ihren Kolleg*innen dort von den neuen umweltfreundlichen Technologien aus Europa erzählen – die sie sich teilweise aber in Nordafrika abgeguckt haben. Von anderen lernen finde ich gut, nur sollte man dann auch die Quelle angeben und nicht so tun, als hätten Weiße alles erfunden.

Der Bio-Veganismus

Massentierhaltung ist schlecht für die Umwelt und für das menschliche Gewissen. Deswegen werden immer mehr Stimmen laut, die einen neuen Umgang mit Tieren fordern. Ein veganer Lebensstil ist für viele Menschen in Europa zum politischen Statement und zu einem moralisch korrekten Lifestyle geworden, für den sie sich feiern.

Dabei wurde der Umgang mit Tieren schon in sehr alten Schriften geregelt. »Ich übe mich darin, keine fühlenden Wesen zu schädigen oder zu töten«, lautet einer der fünf buddhistischen Ethikpfeiler. Viele buddhistische Gläubige leben aus religiösen Gründen so, dass sie auf tierische Produkte verzichten. Das bedeutet nicht, dass sich alle vegan oder vegetarisch ernähren. Massentierhaltung ist mit dem buddhistischen Wertesystem allerdings unvereinbar.

Auch in anderen Religionen sind Tierschutzgesetze schon im Glaubenskanon eingebaut. Im Judentum sorgen die Speisegesetze (Kaschrut) dafür, dass der Verzehr von Fleisch so kompliziert ist, dass viele praktizierende Jüdinnen*Juden schlicht darauf verzichten. So dürfen milchige Lebensmittel nicht mit fleischigen Lebensmitteln vermischt werden. Bei vielen orthodoxen und liberalen jüdischen Gläubigen kommen deswegen oft vegetarische Gerichte auf den Tisch. Der Veggieday als Alltagsnorm sozusagen. Rabbiner Rav Kook hat im frühen 20. Jahrhundert den Vegetarismus sogar zum positiven Lebensideal erhoben. Die Kaschrut, so Kook in seinen Schriften, habe zum Ziel, komplett auf das Töten von Tieren zu verzichten. Kook lebte lange vor der Gründung von Bündnis 90/Die Grünen.

Bei vielen Muslim*innen sorgt das religiöse Zelebrieren des Fleischverzehrs dafür, dass die Wertschätzung für Lebewesen insgesamt hoch ist. Das Opferfest löst in Deutschland einmal im Jahr Debatten über Tierquälerei im Namen des Glaubens aus. Viele Tierschutzorganisationen behaupten, dass das Halal-Schächten ohne Betäubung (die auch bei der Kaschrut nicht erlaubt ist) die Tiere unnötig quäle. Festhalten kann man aber, dass durch das Opferfest in vielen mehrheitlich muslimischen Gesellschaften der Fleischverzehr als Ausnahme gilt. Der Verzehr von Tieren ist teuer und etwas Besonderes. In Plastik abgepacktes Billigfleisch gilt vielen Muslim*innen als suspekt. Bevor ich über die Kaschrut oder das Halal-Schächten mit weißen Tierschützer*innen streite, würde ich gerne über die gigantischen Schlachtanlagen von Tönnies, Vion oder Wiesenhof und Hack für 1,89 Euro je

500 Gramm sprechen. Dumpingpreise, die laut unzähligen Medienberichten vor allem auf der Ausbeutung von migrantischen Arbeiter*innen basieren. Demokratisch legitimierte Regierungen in Europa pumpen Milliarden an Subventionen in die Fleischindustrie, die sich um alles andere als Tierrechte kümmert und die Märkte in Afrika mit ihren minderwertigen Produkten überschwemmt.

Mehrere Studien belegen, dass im Durchschnitt betrachtet die Essgewohnheiten, die Reiseaktivitäten und der Lebensstil von wohlhabenden weißen Menschen zu einem Großteil der CO_2-Emissionen weltweit beigetragen haben und weiterhin beitragen. Während mehrheitlich nichtweiße Gesellschaften wieder langsam zu ihren umweltfreundlichen, präkolonialen Lebensweisen zurückkehren. Wer wohl die Anerkennung für die notwendigen Umwelt- und Klimaschutzmaßnahmen bekommt?

Anfang 2020 manifestierte sich die Sichtweise von vielen Weißen auf das Thema Klimaschutz in einer banalen, aber vielsagenden Geste: Mehrere junge Klima-Aktivistinnen posierten im Rahmen des umstrittenen Weltwirtschaftsforums in Davos vor Fotograf*innen. Unter ihnen Luisa Neubauer aus Deutschland, Loukina Tille aus der Schweiz, Isabelle Axelsson und Greta Thunberg aus Schweden. In einem danach weitverbreiteten Bild der Nachrichtenagentur *Associated Press (AP)* wurde dabei ausgerechnet die einflussreiche ugandische Klimaaktivistin Vanessa Nakate ausgeschnitten. Sie stand auf dem

Gruppenfoto am Rand, und irgendein AP-Bildredakteur entschied sich, die Schwarze junge Frau mit einem schnellen Klick verschwinden zu lassen. Die Nachrichtenagentur entschuldigte sich zwar nach massivem Protest für diesen Fehlgriff, allerdings steht dieses Bild dafür, wie weiß dominierte Gesellschaften mit der Arbeit, dem Wissen, dem Aktivismus und den Prioritäten von Schwarzen, Indigenen und People of Color umgehen.

5

Was willst du eigentlich, Mohamed?

Als ich sieben Jahre alt war, entschieden sich meine Eltern – sogenannte Gastarbeiter*innen –, ihre Sachen zu packen und nach Jahrzehnten des Malochens in Deutschland zurück in ihre marokkanische Heimat zu ziehen. Meine beiden älteren Schwestern und ich waren von diesem Plan gar nicht begeistert und rebellierten lautstark. »Warum hast du uns nach Afrika verschleppt?«, befragte ich meinen Vater kritisch als Jugendlicher. Seine freche Standardantwort machte mich dabei jedes Mal ein Stück wütender: Marokkanische Karotten, pflegte er zu sagen, seien halt saftiger, das habe er als Genussmensch nicht mehr missen wollen. Er lachte dann laut, und ich verdrehte immer nur meine Augen.

Meine Mutter hat einen ganz anderen Sinn für Humor und verzichtete deswegen auf dumme Witze. Sie erklärte uns Kindern oft, dass es mit dem deutschen Rassismus zusammenhänge, warum sie und mein Vater 1995 die Entscheidung getroffen hatten, zurück nach Marokko zu gehen. Für meine beiden Schwestern war das alles noch schwieriger als für mich. Bis zu meinem Abitur und meiner Rückkehr nach Deutschland im Jahr 2007 war ich trotzdem einfach nur wütend, dass ich vermeintlich und im Vergleich zum fortschrittlichen Deutschland in Marokko weniger Bildungs- und Aufstiegschancen hatte.

Warum erzähle ich diese Geschichte an dieser Stelle? Ich bin mittlerweile der festen Überzeugung, dass die Wahrscheinlichkeit, dass ich diese Zeilen hier gar nicht tippen könnte, wenn sich meine Eltern dafür entschieden hätten, in Deutschland zu bleiben, sehr hoch ist. Ja, ich weiß: Eine berühmte, philosophisch-tiefgründige deutsche Redewendung lautet: Hätte, hätte, Fahrradkette. Ich würde heute dennoch meine Hand dafür ins Feuer legen, dass ich an meinem Geburtsort Frankfurt am Main höchstwahrscheinlich auf der Haupt- oder Sonderschule gelandet wäre. Dort, wo das hessische Bildungssystem nichtweiße Kinder auf bildungspolitische Resterampen zwangseinweisen möchte (siehe Kapitel 2). Ich hätte mit großem Glück als Lagerarbeiter, bei der Müllabfuhr oder in einer Reinigungsfirma für die Vermehrung des deutschen Bruttoinlandsprodukts, die Dividende wohlhabender Investoren oder den Komfort weißer Menschen schuften dürfen. Oder vielleicht hätte ich mich – nach Thilo Sarrazin – doch als Gemüseverkäufer von Sozialdemokraten beleidigen und entmenschlichen lassen müssen? Das sind, nebenbei gesagt, alles gute und wichtige Jobs. Hier geht es aber nicht darum, einzelne Lohnarbeiten zu bewerten oder gegeneinander auszuspielen, hier geht es darum, welche Wege der westliche Kapitalismus für Nichtweiße bereithält und welche anderen Wege viele Weiße einem als Person of Color versperren wollen. Und sie haben nicht nur klar vor Augen, welche Wege PoCs gehen dürfen und welche nicht, sie verlangen auch noch, dass ich dankbar sein soll, überhaupt in diesem Land leben zu dürfen. Deutsche und ihre Tokens, die von mir verlangen, ein regelmäßiges »Danke, Deutschland« zu beten, empfinde ich meistens als lächerlich.

Ich ringe innerlich immer wieder mit meiner eigenen Biografie. Das Komplizierteste daran war, die deutsche Staatsbürgerschaft zu erlangen. In der Vergangenheit habe ich mehrfach beschrieben, wie das deutsche Recht dafür sorgt, dass Nichtweiße auf dem Papier bloß keine Deutschen werden sollen. Die Hürden sind so raffiniert in den Gesetzestext eingewebt, dass eine gigantische Anstrengung notwendig ist, um aus eigener Kraft den roten Pass zu erlangen. Zwölf lange Jahre habe ich nach meiner Rückkehr nach Deutschland daran gearbeitet. Nur mit gespiegelter Raffinesse, viel Geduld und noch mehr Fleiß konnte ich mir am Ende dieses wertvolle Privileg unter den Nagel reißen. Und jetzt wird Deutschland mich und meine strukturelle Kritik nie wieder los. Hehe. Als mir die Mitarbeiterin im Amt für Einbürgerung meine Unterlagen abnahm, sagte sie mir, dass sie sich freue, dass ich einen »richtigen Job« habe und nicht wie andere Antragsteller*innen lediglich Gemüse verkaufe.

Viele Weiße, die sich mein antirassistisches, queeres und feministisches Genörgel als Autor of Color anhören, fragen mich manchmal ganz direkt: »Was willst du eigentlich, Mohamed?«

Die Autorin Fatma Aydemir hat eine gute Antwort darauf gefunden: »Ich will den Deutschen ihre Arbeit wegnehmen. Ich will nicht die Jobs, die für mich vorgesehen sind, sondern die, die sie für sich reservieren wollen – mit der gleichen Bezahlung, den gleichen Konditionen und den gleichen Aufstiegschancen.« Das wäre tatsächlich schön, ich bin mit meinem Job als nerviger Autor of Color ganz zufrieden, an den Arbeitskonditionen und Aufstiegschancen könnte man aber noch drehen. Doch der deutsche Bildungs- und Arbeitsmarkt ist ein großer Boxring, das wird mir vor allem dann immer wieder klar, wenn ich den Aufstiegskampf junger People of Color an deutschen Schulen und Universitäten, in öffentlichen Einrichtungen und privaten Unternehmen hierzulande verfolge. Es ist ein tägliches Battle, das man austragen muss, um als nichtweiße Person in diesen weißen Räumen überhaupt mit seiner Persönlichkeit, seiner Geschichte, seinen Gedanken und seiner Kritik existieren zu können. Ich bin mittlerweile Mentor für einige sehr junge Nachwuchsjournalist*innen of Color und beobachte, wie manche von ihnen aufgegeben haben oder kurz davor sind, aufzugeben. Weil sie den permanenten Existenzkampf als Subjekte in Redaktionen einfach nicht mehr aushalten. Da hilft immer nur bestärken, ohne die Situation für Nichtweiße zu beschönigen. Leider ist dieser Kampf auch Teil der Realität in anderen Branchen auf dem Arbeitsmarkt: Hochschule, Forschung, Privatwirtschaft, Politik oder Kulturbetrieb.

Dabei ist es mittlerweile zum Glück fast unmöglich geworden, den Aufstieg junger, kritischer People of Color in Deutschland und in anderen europäischen Gesellschaften aufzuhalten oder irgendwie zu verlangsamen. Wie gesagt: Die Zeit, in der wir Weißen Erfrischungsgetränke gereicht haben, ist längst vorbei (siehe Kapitel 1). Es sei denn, eine kritische Masse in der weißen Mehrheitsgesellschaft entscheidet sich, Gewalt anzuwenden. Dann reden wir natürlich über eine ganz andere Ausgangslage (siehe Kapitel 7).

Viele Nichtweiße haben sich in den vergangenen fünfzig Jahren überall in Europa gegen krasse Widerstände durchgekämpft. Repräsentation ist in Politik, Gesellschaft, Wirtschaft, Kultur und Medien zwar noch nicht mal annähernd gewährleistet, dennoch möchte ich an dieser Stelle mit einer Frage einen Ausblick wagen: Wie wird es erst aussehen, wenn die Ersten von uns tatsächliche Gestaltungsmacht erhalten?

Die meisten amtierenden Entscheidungsträger*innen in Politik, Gesellschaft, Wirtschaft, Kultur und Medien sind weiße Männer (siehe Kapitel 4 und 8). Viele von ihnen sind derzeit nicht genügend auf ihre Aufgaben als Führungskräfte vorbereitet. Eine Studie der Universität Witten/Herdecke aus dem Jahr 2020, die sich mit der Führungskultur in deutschen Unternehmen und Institutionen beschäftigt, bescheinigt einem Drittel der deutschen Führungskräfte, unter einer »Identitätskrise« zu leiden. Rund die Hälfte der Befragten gibt sogar selbst an, nicht genug für den Job qualifiziert zu sein (in der Studie wird dies mit folgender sehr diplomatischen Formulierung umschrieben: »Sie kommen ihrer Verantwortung nicht unbeschwert nach«). Diese Lage in den Chefetagen kostet die deutsche Wirtschaft sehr viel Geld. In vielen Betrieben werden mittlerweile Workshops durchgeführt, um die Führungskräfte für ihre Aufgaben überhaupt zu qualifizieren. 80 Prozent der Befragten dieser repräsentativen Studie sind männlich, ihr Altersdurchschnitt liegt bei 51 Jahren – und ich bin mir sicher, dass fast alle weiß sind. Und medioker.

Für die Vereinbarkeit von Beruf und Familie zuständig sein, ohne dass man sich als heteronormativ lebender Mann privat jemals damit auseinandersetzen musste: schwierig. Für ein in jeder Hinsicht vielfältiges Team Verantwortung zu übernehmen, obwohl man als weiße Person behauptet, dass man Hautfarben oder Unterschiede zwischen den Angestellten nicht sehe: schwierig. Einen internationalen Markt zu bedienen, obwohl viele alte weiße Deutsche lediglich der deutschen Sprache mächtig sind: schwierig. Das nächste Ziel muss heißen: mehr Vielfalt in deutschen und europäischen Entscheidungsräumen.

Dabei ist diese freundliche Übernahme Deutschlands durch Nichtweiße keine Nettigkeit. Denn People of Color und ihre Familien sind viele Jahre lang in Vorleistung gegangen und fangen nun endlich an, etwas dafür zurückzubekommen. Meine Mutter hat als Putzfrau im wahrsten Sinne die Scheiße von reichen und einflussreichen Almans gegen einen Hungerlohn weggeschrubbt. Dass ihr Sohn als Autor in Deutschland nun gut bezahlt wird und sie in exzellente Restaurants oder auf Reisen einlädt, ist das Mindeste, was diese Gesellschaft zurückgeben kann. Natürlich gibt es auch Armut in weißen Familien, allerdings haben diese selten eine (post-)koloniale oder kapitalistisch-ausbeuterische Familien- oder Migrationsgeschichte, wie die von der Gastarbeiterschaft, zu erzählen. Hier geht es mir – Achtung, dieses Wort löst manchmal starke Emotionen aus – schlicht um Reparationen. Ich weiß, dass viele Weiße der nötige Blick in die Vergangenheit sehr wütend macht (siehe Kapitel 7).

Wenn ich zum Beispiel in der Schweiz unterwegs bin, mache ich auf meinen Veranstaltungen oft einen ernst gemeinten Witz und frage das Publikum, ob sie meine Goldbarren mitgebracht haben. Die meisten Schweizer*innen lachen dann laut, obwohl ich das, wie gesagt, ernst meine. Denn als aus Nordafrika stammender

Mensch schlummert auch mein Vermögen in den Safes und Banken der Alpenrepublik. Die vielen Ressourcen, die postkolonial installierte Regime in Nordafrika außer Landes gebracht und in Steueroasen wie der Schweiz gebunkert haben, gehören dort nicht hin. Dennoch sorgt dieses Vermögen dafür, dass es der Schweiz exzellent geht. Ich will doch nur einfach mein Money back. Allein das Ben-Ali-Regime, das 2011 von der tunesischen Revolution und gegen die Widerstände aus europäischen Hauptstädten weggefegt wurde, hat beispielsweise mehr als 12,5 Milliarden Euro außer Landes geschafft. Über Jahre schafften die Mitglieder des Regimes das Vermögen ihrer Untertanen nach Europa, etwa über die Beteiligung an internationalen Unternehmen, die Vergabe von lukrativen Geschäften in Tunesien an europäische Firmen oder ganz klassisch mit Koffern voller Geld, die dann in Safes in Luxemburg ausgekippt wurden. Das meiste Geld schlummert bis heute in europäischen Tresoren. Das ist nicht fair, vor allem wenn man sich ansieht, wie internationale Märkte und die Globalisierung funktionieren: Das Kapital befindet sich in europäischen und nordamerikanischen Staaten, obwohl seine Vermehrung auch auf den Leistungen von Nichtweißen auf der ganzen Welt beruht (siehe Kapitel 4).

Bevor mein Vater als Gastarbeiter nach Deutschland gerufen wurde, stand er sechs Jahre lang bei einem Autozulieferer im Pariser Vorort Clichy am Band. Er schraubte zehn bis zwölf Stunden pro Tag, sechs Tage die Woche

Zündkerzen für französische Autos zusammen. Nachdem mein Vater gestorben war, musste ich drei lange Jahre für die Witwenrente meiner Mutter kämpfen, unzählige Briefe schreiben und persönlich nach Marokko reisen, um die Sache zu klären. Ein undurchsichtiges Gestrüpp aus Paragrafen und bilateralen Abkommen zwischen Frankreich und Marokko sorgte dafür, dass der französische Staat immer wieder neue Ausreden erfinden konnte, warum er meiner Mutter nicht die 120 Euro im Monat auszahlen könne – auf die sie laut französischem Gesetz ein Anrecht hat.

Als ich im Oktober 2019 in einem marokkanischen Amt im Wartezimmer saß, weil die Sachbearbeiterin in der für Marokko zuständigen Behörde im französischen Tours wieder ein neues Formular aus dem Hut gezaubert hatte, das natürlich die marokkanischen Behörden ausfüllen mussten – aber nicht wirklich wollten –, schaute ich nach links und rechts und sah in Dutzende Gesichter alter, verzweifelter, gebrochener Frauen. Sie erzählten mir, dass sie teilweise seit zwei, drei, fünf, acht (!) Jahren versuchten, ihre Witwenrenten nach dem Tod ihrer Ehemänner, die irgendwann für den Kolonialherrn in Frankreich geschuftet hatten, zu beantragen. Und plötzlich fand ich mich in der Rolle wieder, diesen verzweifelten Frauen Tipps zu geben, wie sie sich durch den extrakomplizierten und in Zeitlupe gestalteten Bürokratieapparat zwischen Frankreich und Marokko navigieren konnten. Das marokkanische Amt, so hatte ich den Eindruck, arbeitete im Sinne von Emmanuel Macron, der auf dem Rücken marokkanischer Witwen das Rentensystem seines Landes sanieren möchte. Ich sagte den betagten Frauen allerdings nicht, dass der französische Staat mutmaßlich darauf setzt, dass sie sterben werden, bevor sie das ihnen zustehende Geld bekommen. Bei einer Recherche im Jahr 2018 zu algerischstämmigen Veteranen in Frankreich, die bis zu ihrem Tod vergebens auf die Auszahlung ihres Rentenanspruchs gewartet hatten, war genau dies meine traurige Erkenntnis.

So gehen viele weiße Mehrheitsgesellschaften mit nichtweißen Leistungsträger*innen und allgemein mit Menschen um. Mit mehr qualifizierten, verantwortungsvollen und fairen Führungskräften of Color werden diese und andere Ungerechtigkeiten in Zukunft aber der Vergangenheit angehören. Versprochen! (siehe Kapitel 9)

6

Refugee Porn

Für dieses Kapitel möchte ich gleich zu Beginn eine Inhaltswarnung aussprechen: In den folgenden Absätzen werden zum Teil Szenen von sexuellem Missbrauch beschrieben. Betroffen von diesen pornografischen Gewaltfantasien sind Nichtweiße und verletzbare Menschen, besonders Geflüchtete und Frauen of Color.

Im März 2018 war ich mit der französischen Autorin und Schwarzen Aktivistin Rokhaya Diallo auf der Leipziger Buchmesse unterwegs. Sie bat mich darum, ihr die Andersmachung von Nichtweißen in Deutschland zu erklären, und ich wusste damals gar nicht, wo ich anfangen sollte. Wir hatten erst vor wenigen Minuten einem Grußwort zur Eröffnung der Messe vom sächsischen CDU-Ministerpräsidenten Michael Kretschmer im Leipziger Gewandhaus gelauscht, und ich musste ihr danach irgendwie verständlich machen, was es mit den »sächsischen Verhältnissen« auf sich hat und dass viele Politiker*innen und Medienschaffende in Sachsen, aber auch anderswo in Deutschland permanent Othering von Minderheiten betreiben.

Weiße seien halt von uns und unseren Körpern regelrecht besessen, antwortete Diallo und erzählte mir daraufhin die Geschichte vom Pornokonsum weißer Männer in Frankreich. Die sexuellen Fantasien dieser Männer seien nämlich ein gutes Beispiel für die weiße Obsession in Bezug auf die Körper und (zugeschriebenen) Identitäten von People of Color im postkolonialen Europa. Mehrere Datensätze von pornografischen Internetseiten, erklärte Diallo, hätten aufgedeckt, welcher Begriff dort in den vergangenen Jahren mit Abstand am häufigsten in die Suchleisten getippt wurde: »beurette«. Dieses umgangssprachliche Wort meint auf Französisch im Allgemeinen Frauen, die aus Nordafrika stammen. Auch im Jahr 2019 lag »beurette« wieder stabil auf dem ersten Platz der Top-10-Liste, weit vor »française« (Französin, Platz 2), »salope« (Schlampe, Platz 4), »pute« (Nutte, Platz 6) oder »viol« (Vergewaltigung, Platz 9). Allerdings sind in der Liste der beliebtesten pornografischen Suchbegriffe auf Französisch auch die Wörter »marocaine« (Marokkanerin, Platz 7) und »arabe« (Araberin, Platz 8) vertreten. Der französischsprachige Pornomarkt reflektiere dabei lediglich die Frauenfeindlichkeit und den Rassismus, die die französische Gesellschaft während der kolonialen Ära und bis heute prägen, sagte Diallo und schaute mich daraufhin fragend an: Wie sieht es denn beim Pornokonsum weißer deutschsprachiger Männer aus?

Ich wusste es nicht und machte mich direkt an die Recherche – ohne zu ahnen, wie vielen weißen Männern ich damit auf den Schlips treten würde.

Abends im Hotelzimmer klappte ich meinen Arbeitsrechner auf und suchte zunächst auf Französisch nach rassistischen Pornofilmchen: Brüste mit dunklen Nippeln und rosafarbene Hoden wippten über meinem Bildschirm. Ich rief Statistiken über Zugriffszahlen auf, las mir die Analysen der französischen Sexualwissenschaft durch, hörte mir die hölzernen Dialoge an, bevor die weißen Pornodarsteller die Frauen of Color vor ihren erigierten Penissen knien ließen, sie gewaltsam penetrierten, vulgär demütigten, vergewaltigten, entmenschlichten, teilweise dabei auf sie einschlugen, sie bespuckten, einfach wie Objekte benutzten. Der Markt der sexualisierten und rassistisch gefütterten Gewaltfantasien französischer Männer erschien unendlich. Bezüglich des deutschsprachigen Konsums gab es zu diesem Phänomen dagegen fast keine Literatur oder Veröffentlichungen. Ich musste also bei null anfangen.

Schnell kam ich allerdings auf einen Begriff, der anscheinend viele Männer in Deutschland stimuliert: »Flüchtlinge«. Die Seite pornmd.com beinhaltet eine Funktion, die sich bei meiner Recherche als äußerst praktisch herausstellen sollte. Auf der Grundlage von Geotagging (also der automatischen Bestimmung des Standortes) und der Suchanfragen anderer User*innen in der Umgebung bietet die Seite Vorschläge im Sinne von »Das hat Ihre Nachbar*innen und andere User*innen in Ihrer Region interessiert« an. Schon im Leipziger Hotelzimmer hat mir der Algorithmus häufig ein sehr spezielles pornografisches Genre angeboten: Refugee Porn.

Das Phänomen der Flüchtlingspornografie ist laut meinen Recherchen seit 2015 in Deutschland und in vielen anderen europäischen Gesellschaften virulent geworden. Große Porno-Plattformen im Internet registrieren seitdem eine steigende Nachfrage. Immer mehr deutsche User*innen tippen seit 2015 auf Seiten wie PornHub, xHamster und RedTube die Begriffe »Flüchtling« oder »Refugee« in die Suchleiste ein und stoßen danach auf Videos, in denen geflüchtete Frauen oder Pornodarsteller*innen, die Flüchtlinge spielen, erniedrigt werden. Unter anderem sind dabei Frauen zu sehen, die Muslimas aus dem Nahen Osten oder Nordafrika sind beziehungsweise darstellen. Dieses Genre konzentriert sich auf heterosexuelle Pornografie. Refugee Porn spielt dabei mit dem Motiv der mysteriösen, fremden Frau, die meist von weißen Männern verführt, erobert und dominiert wird. Zum einen wurden nach 2015 ältere Clips im Internet mit neuen Schlagwörtern versehen. In den Filmcredits ist bei einem Video zum Beispiel das Jahr 2003 aufgeführt, der Clip wurde mit den Schlagwörtern »Refugee«

und »Syrian« im Jahr 2017 neu hochgeladen. Zum anderen wurden pornografische Inhalte nach 2015 eigens für diesen neuen Markt in Deutschland produziert. In den entsprechenden Filmen spielen mutmaßlich echte Syrerinnen mit, gesprochen wird Arabisch.

In Berlin hat sich der Pornodarsteller und -produzent Antonio Suleiman niedergelassen. Der Syrer macht auf Twitter, Facebook, Snapchat und Instagram exzessiv Werbung für seine Flüchtlingspornografie made in Germany. Die Skripte seiner Videos sind dabei sehr repetitiv. Es gibt grob zwei Narrative: (1) Suleiman bricht in ein Wohnzimmer ein, in dem ein weiß-deutscher Mann und seine weiß-deutsche Ehefrau unschuldig vor dem Fernseher sitzen. Der deutsche Mann bittet Antonio Suleiman daraufhin, seine weiße Partnerin zu penetrieren. Was der hypersexualisiert dargestellte Araber mit Freude und besonderer Gewalt tut. Der deutsche Mann schaut passiv vom Sofa aus zu und masturbiert dabei. (2) Eine nichtweiße Frau wird von Antonio Suleiman und einem weiß-deutschen Mann penetriert. Suleiman erklärt dem Dieter dabei, wie man Frauen so richtig demütigt, ihnen Leid zufügt, sie benutzt.

Arabische Männer werden bei diesen und ähnlichen Produktionen als besonders gewalttätig, arabische Frauen als besonders unterwürfig dargestellt. Diese stereotype Imagination verträgt sich anscheinend besonders gut mit den sexuellen Präferenzen und Fantasien vieler weißer Männer.

Die entsprechend viel geklickten Videos werden auch in anderen westlichen Ländern, vor allem in den USA, produziert. In einem Clip, in dem Englisch gesprochen wird, ist beispielsweise eine Syrerin zu sehen, wie sie, nur mit einem Kopftuch bekleidet, von einem »kaukasischen Mann« penetriert wird. Der Titel dieses Pornofilms: *Syrian Refugee Sucks Huge White Cock for Dinner Money* (Syrische Geflüchtete lutscht riesigen weißen Schwanz gegen Geld für ein Abendessen). Das Video wurde innerhalb von wenigen Monaten hunderttausendfach aufgerufen. Die Kameraführung ist vielsagend. Er wird nur von unten gefilmt, sodass er erhaben und mächtig erscheint. Sie wird nur von oben gefilmt, sodass sie klein und verängstigt wirkt. Immer und immer wieder richtet sie ihr Kopftuch, als wäre es ihr besonders wichtig, dass ihre Haare während der Vergewaltigung nicht zu sehen sind: sehr absurd. In einer Szene verspricht er ihr, seinen »arischen Schwanz in ihr arabisches Maul zu stopfen«. Sie fleht ihn an. Sie sagt, sie sei schutzlos, schwach und habe einfach nur Hunger. Der weiße Mann verspricht, dass er ihr ein Abendessen ausgeben werde. Zuerst müsse sie aber seinen »weißen Saft« als Vorspeise aussaugen, wie es sich für »muslimische Nutten« gehöre. Nachdem der weiße Mann in ihr Gesicht ejakuliert hat, gibt er ihr eine Ohrfeige, packt sie am Kinn und lädt sie zum versprochenen Abendessen ein. Er habe für sie sogar ein Dessert organisiert, sagt er. Damit meint er vielleicht noch mehr gewalttätige und frauenfeindliche

Videos, die vom Algorithmus der Website vorgeschlagen werden.

Der Kommentar mit den meisten Likes unter dem Video *Syrian Refugee Sucks Huge White Cock for Dinner Money* stammt von einem User namens ghostwalker, der sich beschwert, dass sich geflüchtete Frauen heutzutage die Schamhaare rasieren würden. Ein anderer User schreibt auf Deutsch: »Flüchtlingsfotzen willkommen.« Generell erscheinen auf der Seite PornHub mehrere deutsche Kommentare unter Refugee Porn-Videos. Nach dieser qualitativen Betrachtung formulierte ich als Rechercheur mein Erkenntnisinteresse wie folgt: Wie oft wird dieses Genre in Deutschland und anderen europäischen Ländern auf den entsprechenden Plattformen aufgerufen? Und was sagt das über rassistische Denkmuster und Strukturen in Europa aus?

Der weltweit größte Anbieter pornografischer Inhalte im Internet, PornHub, teilte mir auf Anfrage schriftlich mit, dass das Phänomen der Flüchtlingspornografie »sehr heikel« sei. Zwar sehe das Unternehmen mit Sitz in Kanada einen Zusammenhang zwischen politischer Polarisierung und dem Konsum von Pornografie, Daten dazu wolle der Anbieter mit mehr als zwei Milliarden Klicks (Unique Visits) weltweit pro Monat aber nicht bereitstellen. Ich kontaktierte daraufhin den zweitgrößten Anbieter von Pornografie im Internet: xHamster. Die Betreiber der Seite geben an, mehr als eine Milliarde

Aufrufe pro Monat zu verzeichnen. Das Maskottchen, ein kleiner Hamster mit Pausbacken, ist der Botschafter des zypriotischen Unternehmens mit Sitz in Limassol. Das offizielle Firmenmotto lautet: »Just porn, no bullshit.« Die Sprecherin kicherte zunächst am Telefon, bevor sie den Ernst des Themas erkannte.

Nach Austausch mehrerer E-Mails schickte sie mir zwei Datensätze. Die erste Tabelle zeigte die monatliche Veränderung der Zahl der Suchanfragen auf xHamster, bei denen das Wort »Refugee« eingegeben wurde. Der Datensatz war jeweils für verschiedene Länder in Europa aufgeschlüsselt. Da Pornografie weltweit auf Englisch gesucht und verschlagwortet wird, sind hierbei deutsche Begriffe zu vernachlässigen. Nur wenige deutschsprachige User suchen zum Beispiel nach »Oralverkehr«, die meisten geben »Blowjob« in die Pornosuchmaschine ein. Falls jemand doch das Wort »Flüchtling« eingibt, wird automatisch nach der englischen Übersetzung gesucht. Die zweite Tabelle zeigte den prozentualen Anteil der »Refugee«-Suchanfragen relativ zur Gesamtzahl aller Klicks auf der Seite. Absolute Zahlen gab es auch von xHamster nicht. »Betriebsgeheimnis«, erklärte die Sprecherin am Telefon. Ich könne die Klickzahlen aber bestimmt ausrechnen lassen, sagte sie. Ich hörte förmlich, wie sie mir dabei zuzwinkerte.

Ich nahm die Daten auf meinem Rechner zunächst zu zwei befreundeten Mathematikerinnen mit. Ich konnte in ihren Gesichtern den Schock erkennen, als ich ihnen die Geschichte hinter diesen abstrakten Tabellen erzählte. »Ekelhaft«, sagte eine von ihnen. Und dennoch machten sich beide an die Arbeit und rechneten aus den Daten die Zugriffszahlen auf Refugee Porn in Deutschland und anderen europäischen Ländern aus. Ihre Ergebnisse waren übereinstimmend. Da ich schon ahnte, dass dieses Thema große Sprengkraft besitzt, schickte ich den Datensatz zusätzlich an Professor Christian Heumann vom Statistik-Institut der Ludwig-Maximilians-Universität in München. Doppelt hält besser, dreifach sowieso. Der Professor bestätigte mir die Ergebnisse.

Allein in Deutschland wird demnach in Spitzenzeiten pro Monat bis zu 800 000 Mal nach Refugee Porn auf der Seite von xHamster gesucht. Im Vergleich zum Gesamttraffic auf xHamster.com machen 800 000 Suchanfragen pro Monat lediglich bis zu 0,18 Prozent der Klicks aus. Für einen von Erotik weit entfernten Suchbegriff wie »Refugee« sind 800 000 Anfragen aber wiederum eine beachtliche Zahl. Flüchtlingspornografie gibt es nicht nur auf xHamster, sondern auf fast allen Pornoseiten. Die Suchanfragen auf der Seite PornHub, die mit monatlich mehr als 2,4 Milliarden Besuchen doppelt so groß ist wie xHamster, und auf anderen pornografischen Seiten sind hier nicht einkalkuliert. Die tatsächliche Zahl müsste also deutlich höher sein, sich im Millionenbereich bewegen.

In den Datensätzen von xHamster war mir direkt aufgefallen, dass es in Deutschland eine hohe Fluktuation der Suchanfragen mit dem Wort »Refugee« gab. Zwischen Januar 2015 und April 2018 sind zwei von mehreren Anstiegen hervorzuheben:

August 2015 bis März 2016

Als die deutsche Bundesregierung die Geflüchteten aus Ungarn einreisen ließ und darüber monatelanger Streit ausbrach, suchten mit Abstand die meisten Menschen in Deutschland nach Refugee Porn.

September 2017

Im Monat der Bundestagswahl, bei der nicht nur die AfD auf die Themen Flucht und Migration setzte, nahm die Zahl der »Refugee«-Suchanfragen auf xHamster in Deutschland um 114 Prozent auf mehr als 800 000 zu.

Diese Suchanfragen steigen also in Zeiten, in denen sich viele Talkshows Themen wie Obergrenzen für Geflüchtete oder die vermeintliche Islamisierung widmen, in denen Straßenzüge mit AfD-Plakaten gesäumt sind oder in Kanzlerduellen vor allem über »den Islam« gestritten wird. Wenn man so will, lesen anscheinend viele Männer zuerst die *Bild*-Zeitung oder einen beliebigen rassistischen Leitartikel anderswo, um danach bei PornHub oder xHamster zuzuschauen, wie geflüchtete oder muslimische Frauen vergewaltigt werden. Um dieses Phänomen besser zu verstehen, schaute ich mir in den Daten die Situation in anderen weißen Mehrheitsgesellschaften Europas an.

Im Vergleich zu Deutschland fallen dabei zwei Länder besonders auf: Ungarn und Österreich. Anscheinend sind diese beiden Länder nicht nur durch eine lange gemeinsame Geschichte verbunden. In Ungarn, wo im Sommer 2015 viele Geflüchtete gestrandet waren, nahm die Zahl der Suchanfragen im September 2015 zum Beispiel um 151 Prozent zu. In Österreich, Transitland für viele Geflüchtete im Dezember 2015, nahm die entsprechende Zahl um 195 Prozent zu. Ich kann diese Kausalitäten nicht wasserdicht beweisen, es liegt aber sehr nahe, dass der Konsum von Refugee Porn mit der politischen Debatte zusammenhängt. Vor und während der österreichischen Parlamentswahlen im Oktober 2017 stiegen die Suchanfragen beispielsweise wieder um 174 Prozent. Das kann kein Zufall sein. In beiden Ländern wohnen deutlich weniger Menschen als in Deutschland, dennoch wird dort pro Monat zehntausendfach nach »Refugee« auf Pornoseiten gesucht. Nicht nur aus mathematischer Sicht lohnt sich auch der Vergleich zu Großbritannien. Kurz vor der Brexit-Abstimmung im Juni 2016 und während des Wahlkampfs im Sommer 2017 wurden im Vereinigten Königreich deutliche Anstiege im Konsum von Refugee Porn registriert.

Diese objektivierbaren und akkuraten Statistiken sind aus antirassistischer Sicht Gold wert. Sie illustrieren das Ungleichgewicht von Privilegien und das Rassismusproblem auf eine verstörend eindeutige Art und Weise. Ich wollte einerseits die länderspezifischen Konsummuster herausfinden und andererseits verstehen, was hinter dem Verlangen nach dieser Art von Pornografie wirklich steckt, also versuchte ich, die Datenlage qualitativ noch zu verfeinern. Mit anderen Worten: Ich schaute mir monatelang immer wieder Pornos an. Zwischendurch fragte ich einen IT-Experten, worauf ich dabei achten sollte, da ich meinen Arbeitsrechner dafür benutzte. Seine Antwort: Die meisten großen Unternehmen seien für den Pornokonsum ihrer Mitarbeiter*innen technisch gut gerüstet. Ich solle vielleicht nicht auf jedes beliebige Pop-up-Fenster klicken, sonst müsste aber alles reibungslos klappen.

Mithilfe des Algorithmus auf pornmd.com habe ich auf verschiedenen Reisen in Europa versucht, regionale Unterschiede im rassifizierten Pornokonsum zu recherchieren. In Chemnitz wurde mir vom Algorithmus mit den regionalen Empfehlungen fast nur Refugee Porn angezeigt. In Stockholm suchen viele User so wie in Deutschland nach »Refugee«. In Amsterdam, so zeigt es pornmd.com an, sind die Suchbegriffe »Syrerin« und »Marokkanerin« sehr beliebt. Auch in anderen Ländern fallen spezifischere Suchbegriffe mehr ins Gewicht. Bei Aufenthalten in Marseille, Nantes, Montpellier und Bordeaux in den Jahren 2018 bis 2020 bestätigte sich, dass in Frankreich weiterhin der Begriff »Beurette« auf Platz eins war. In Paris sogar die sehr spezifische Wortkombination »Beurette de cité«, was so viel wie »Nordafrikanerin aus der Vorstadt« bedeutet. Es war so, wie es

Rokhaya Diallo während der Leipziger Buchmesse skizziert hatte: Viele weiße Männer sind einfach besessen.

Die Klickzahlen verraten allerdings nicht, wie viele Menschen genau hinter diesen Suchanfragen stecken. Sie verraten auch nicht, wer sich wie vor den Bildschirmen mit Refugee Porn befriedigt. Ich konnte – zum Glück – nicht dabei sein, wenn sich jemand in meiner Umgebung einen auf die Entmenschlichung von Frauen of Color runterholte. Für die Sexualforschung ist dieses Phänomen nicht neu. Es gibt entsprechende Studien aus den USA, die die Repräsentation von Minderheiten in der Porno-Industrie untersuchen. Für Deutschland existiert eine solche Forschung noch nicht. Ich rief deshalb Jakob Pastötter an. Er ist Professor für Sexualwissenschaften und Kulturanthropologie und erklärte mir, dass viele Menschen auf diese Weise die Dauerbeschallung mit dem Thema in Medien, Politik und Gesellschaft »alleine auf der Couch oder im Bett« ausklingen lassen. Rassistisch-sexualisierte Gewaltfantasien werden also erlernt, man greift sie im Alltag, beim Medienkonsum und allgemein aus dem öffentlichen Diskurs auf. Geschlechtsverkehr sei immer ein Machtspiel von Dominanz und Hingabe, führte der Sexologe weiter aus. Und wenn andauernd und überall die Dichotomie aus weißer Überlegenheit und Unterwerfung von Nichtweißen reproduziert wird, präge dies das sexuelle Verlangen vieler weißer Männer.

»Es kann durchaus sein, dass Neonazis hier ihre sexuellen Fantasien ausleben«, sagte Pastötter. Vieles deute aber darauf hin, dass sich Männer aus der »Mitte der Gesellschaft« beim Anblick »exotischer Frauenkörper, die sich unterwerfen«, befriedigen. Die sexuelle Sehnsucht nach »den anderen« zieht sich durch alle Milieus weißer Gesellschaften, das wurde mir klar. Die Fetischisierung von geflüchteten Frauen reflektiert dabei nur eine allgegenwärtige Haltung zum Thema Einwanderung und Vielfalt in weiß dominierten Gesellschaften des Westens. Weil Männer für einen Großteil des Pornokonsums verantwortlich sind, gehen einige Sexualforscher*innen davon aus, dass Grundmotive stereotyper Männlichkeit auf die pornografischen Präferenzen projiziert werden: Gewaltfantasien, Unverletzbarkeit, Überlegenheit und die Suche nach Anerkennung. Beim Phänomen Refugee Porn seien neben Geschlechterbildern auch andere Kriterien relevant, so Pastötter. Es könnte sein, dass beim Betrachten dieser Filme Bedenken zur vermeintlichen Überfremdung europäischer Gesellschaften verarbeitet würden. Bilder der Dominanz weißer Männer über nichtweiße Frauen, die geflüchtet sind oder Geflüchtete spielen, könnten also im Umkehrschluss die politische Sehnsucht vieler Menschen hierzulande widerspiegeln (siehe Kapitel 9).

Wie heikel dieses Recherche-Ergebnis ist, merkte ich bei unzähligen Gesprächen mit alten weißen, heterosexuellen Männern im Zuge und nach meiner Recherche. Nur die wenigsten von ihnen brachten überhaupt die Geduld auf, sich die Ergebnisse meiner Arbeit anzuhören. Ich musste lediglich den Arbeitstitel meines Rechercheprojekts nennen, da liefen sie schon vor mir weg. Einer von ihnen formulierte es ganz offen: »Bei dem Thema habe ich ein schlechtes Gefühl. Ich will das nicht lesen. Ich kann nicht erklären, warum.« Ich bin kein Psychologe, aber irgendwie schien das Phänomen einen Nerv zu treffen.

Als meine Recherche letztendlich doch im Mai 2018 auf *Zeit Online* erschien, erreichten mich Zuschriften von weißen Männern (einige davon mit Klarnamen), die mich beschimpften, ich würde die Ehre des weißen Mannes beschmutzen. Es seien nämlich Mohameds wie ich, die diese Videos überhaupt anschauten. Araber gelten aus der Perspektive dieser Männer eben als hypersexualisierte Wesen. Echte Deutsche würden so etwas dagegen niemals tun. Natürlich war ich auch auf diese Lesart mathematisch gut vorbereitet: Nichtweiße Männer machen in der Population europäischer Gesellschaften nur eine Minderheit aus. Sie können also statistisch betrachtet nicht allein für diese Klickzahlen verantwortlich gemacht werden. Beispiel: In Leipzig, wo laut offizieller Statistik weniger als zehn Prozent der Menschen nicht weiß sind, müsste jeder Mann of Color mehrere Male pro Tag »Flüchtling« oder »Refugee« auf den entsprechenden Pornoseiten eingeben. Das ist logisch betrachtet sehr unwahrscheinlich. Es kann durchaus sein, dass auch Männer of Color nach Refugee Porn suchen. Die hohen Zahlen können allerdings nur mit der Obsession weißer Männer erklärt werden. Heinrich und Jochen und Ulf und Jan gefällt dieser Fakt und ihre Enttarnung als ausbeuterische Patriarchen, die ihre Macht- und Gewaltfantasien sexuell ausleben, natürlich überhaupt nicht (siehe Kapitel 2).

An dieser Stelle möchte ich eine Sache betonen: Ich bezeichne mich selbst als sexpositiv. Ich habe also kein Problem damit, über Sex oder (ausgefallene) Sexualpraktiken zu sprechen. Pornografie und faire Sexarbeit sind seit Ewigkeiten ein legitimer Bestandteil vieler Zivilisationen. Auch wenn es nicht mein Ding ist, habe ich mit den manchmal ungewöhnlichen sexuellen Fantasien anderer Menschen grundsätzlich kein Problem. Beim Thema Refugee Porn geht es allerdings nicht um Sex, sondern um eine nicht einvernehmliche sexuelle Ausbeutung von Körpern of Color durch weiße Männer. Daher ist es mir wichtig, bei diesem Phänomen die politische Dimension des Machtgefälles zwischen weißen, heterosexuellen cis-Männern und Frauen of Color sichtbar zu machen.

Refugee Porn ist die Kulmination beziehungsweise die Intersektion von Chauvinismus, Patriarchat, männlicher Gewalt, Rassismus, kapitalistischer Überlegenheit und kollektiver Entmenschlichung verletzbarer Gruppen. Es gibt andere pornografische Genres, die man ähnlich betrachten kann. Dabei geht es beispielsweise um die Fetischisierung von asiatischen oder asiatischstämmigen

Frauen und queeren Männern, die in der westlich dominierten Porno-Fantasie oft als besonders unterwürfig dargestellt werden. Es gibt (vor allem auf Französisch) viele schwule Pornovideos, in denen weiße Männer von Arabern vergewaltigt werden. Schwarze werden im »interracial porn« aus westlicher Produktion als besonders sexhungrig und hemmungslos, oft komplett entmenschlicht und nur von Trieben gesteuert in Szene gesetzt. In diesen Videos kann man beobachten, wie aus einer sexuellen Präferenz (egal wie sie zustande gekommen ist) eine Reflexion rassistischer Denkmuster in westlichen Gesellschaften wird. Daran wiederum kann man ablesen, wie tief historisch gewachsene rassistische Strukturen verwurzelt sind: in der Sexualität, der Psyche, dem Sein der meisten Individuen auf dieser Erde.

Diesen sozial erlernten Rassismus kann man nämlich wieder verlernen, sich regelrecht austreiben (siehe Kapitel 9). Aber es ist natürlich unangenehm, über die Strukturen hinter Phänomenen wie Refugee Porn zu reden, und ich bin mir nicht sicher, ob die meisten weißen Männer über solche heiklen Themen überhaupt nachdenken wollen.

Es hat mich deshalb sehr gefreut, dass sich in den vergangenen Monaten einige Wissenschaftler*innen bei mir gemeldet haben, die weiter zu diesem Thema forschen wollen.

7

Erinnerungsüberlegenheit

Man muss mit Superlativen im Leben sehr sparsam umgehen. Ich lehne mich hier allerdings bewusst aus dem Fenster und behaupte, dass die folgende Aussage die dümmste ist, die ich in den vergangenen zehn Jahren zu Ohren bekommen habe: »In Deutschland haben wir das mit dem Antisemitismus ein für alle Mal geklärt, mit dem dunkelsten Kapitel unserer Geschichte haben wir Deutschen abgeschlossen.« Ein bekannter weiß-deutscher Autor, der als vernünftig gilt (siehe Kapitel 8), hat mir das vor einigen Monaten gesagt, und zwar so, dass ich das Gefühl hatte: Mensch, der glaubt genuin daran, sein Deutschland sei aus dem Schneider. Ich lehne mich nun noch weiter aus dem Fenster und behaupte, dass seine Aussage gefährlicher ist als die AfD selbst. Weil das eine steile These ist, muss ich nun sehr weit ausholen. Haben Sie also bitte etwas Geduld mit mir.

Zunächst ist es wichtig festzuhalten, dass allein jüdische Stimmen das jüdische Sein in Deutschland und Europa heute akkurat beschreiben und daraus Prioritäten und Forderungen ziehen können. Lesen Sie dazu Max Czollek, Olga Grjasnowa, Sasha Marianna Salzmann, Michel Friedman oder Armin Langer. Die Werke von Denker*innen und Schriftsteller*innen wie Hannah Arendt, Martin Buber, Theodor W. Adorno, Max Horkheimer oder Agnes Heller sind aktueller denn je. Auch Stimmen von Sinti und Roma oder des antifaschistischen Widerstandes sprechen für sich selbst. Ich möchte in diesem Kapitel also die deutsche Erinnerungskultur einerseits aus meiner persönlichen Perspektive analysieren und andererseits die Erkenntnisse anderer betroffener Gruppen mitdenken.

Die Erinnerung an das Menschheitsverbrechen, das von Deutschland ausging und dem Millionen von Jüdinnen*Juden, Sinti*ze und Rom*nja, People of Color, Menschen mit Behinderung, Queere und Antifaschist*innen zum Opfer fielen, als festen Bestandteil der eigenen Kultur zu definieren, ja, das ist wahrlich etwas Besonderes, vielleicht sogar Einmaliges. Zumindest in der Theorie. Was ich aber als nichtweißer, dauernörgelnder Beobachter gerne tue, ist, Theorie mit Realität zu vergleichen. Denn ich glaube, mit diesem Vergleich in den folgenden Absätzen darlegen zu können, dass mit der Zeit aus dieser Erinnerungskultur ein Kulturgut geworden ist. Ein Kulturgut, das (1) vermarktet und verwertet wird, das (2) mittlerweile eine deutsche Egozentrik in sich trägt und dessen ursprünglicher, universaler Sinn – Nie wieder! – (3) verblasst ist, zumindest nicht mehr im Mittelpunkt steht. Was viele Angehörige von Minderheiten mehr als nur beunruhigt.

(1) Erinnerungskulturexportweltmeister

Ich habe selbst Erfahrungen mit weiß-deutschen Institutionen gesammelt, die sich mit Verweis auf die Erinnerungskultur profilieren wollen. Nach meiner Rückkehr nach Deutschland musste ich im Sommer 2008 die deutsche Abiturprüfung nachholen. Der zuständige Beamte in Heidelberg, der mein marokkanisches Abitur nicht als ausreichend für die Aufnahme eines Studiums in Deutschland anerkennen wollte, rechtfertigte seine Entscheidung mit einem vielsagenden Satz: »Auch Sie müssen wissen, wer Adolf Hitler war!« Ich hatte damals keine gute Antwort parat, außer dass ich natürlich wisse, wer Adolf Hitler gewesen sei. Heute würde ich dem weißen Beamten mit einem »Ich hoffe, nicht ihr Großvater« begegnen. Ich musste aber erst mehrere solcher Erfahrungen machen, bis ich diese deutsche Haltung verstanden habe.

Als junger Redakteur saß ich im Jahr 2014 am Vortag des Holocaust-Gedenktags im Großraumbüro einer Tageszeitung. Ich produzierte die Titelseite zum ersten Mal mit und war dementsprechend aufgeregt. Am neuen Arbeitsplatz war mir direkt aufgefallen, dass die Tastatur seit längerer Zeit nicht gereinigt worden war. Mir blieb allerdings keine Zeit für die nötige Desinfektion, denn hinter mir stellte sich schon der Chefredakteur auf und diktierte die Schlagzeile. Ich atmete tief durch und tippte mit. Er blickte dann auf meinen Bildschirm und schrie, sodass es auch alle im Großraumbüro mitbekommen konnten, dass ich Auschwitz falsch geschrieben habe. Ich schaute mit Schaudern auf die Zeile, und da stand er, der Ort des Schreckens, mit »ss« geschrieben. Ich habe mich so geschämt und sofort entschuldigt. Doch er setzte zu einer Vorlesung in deutscher Geschichte an und betonte: »SIE müssen wissen, dass es Auschwitz und nicht AuSSchwitz heißt. Das gehört hier bei UNS in DEUTSCHLAND zum Basiswissen dazu!« Ich rüttelte währenddessen an der Tastatur und entdeckte, dass unter der Taste für den Buchstaben S, die zuvor etwas geklemmt hatte, ein dicker, verschimmelter Brotkrümel lag. Ich sagte nichts, ließ ihn aussprechen und wusste in diesem Augenblick nicht, wovor ich mich mehr ekelte: der Virenkolonie vor mir oder der inszenierten weiß-deutschen Überlegenheit in meinem Rücken.

Davon auszugehen, dass Nichtweiße per se keine Ahnung von deutscher oder europäischer Geschichte haben, ist überheblich. In Marokko musste ich als Schüler jahrelang jedes relevante europäische Ereignis (samt Datum, Akteuren und Moral von der Geschichte) zwischen dem Mittelalter und 1990 auswendig lernen. Ich wusste als Jugendlicher also genau Bescheid, was deutsche Täter zu verantworten haben. Diese wichtige Wissensvermittlung wird nicht überall gleichermaßen gewährleistet. In Syrien machte deutsche Geschichte nach 1933 nie so wirklich einen Teil des Lehrplans aus. Das rechtfertigt aber nicht, was mir eine Syrerin, die im Jahr 2015 nach Deutschland geflüchtet war, erzählt hat:

Die Frau kam, schwer vom Krieg in Syrien traumatisiert, in Berlin an. Kurze Zeit später saß sie in einem Deutschkurs. Denn wenn es nach einigen weißen Deutschen ginge, würden Geflüchtete am besten noch im Bombenhagel anfangen, deutsche Grammatik zu pauken. Die Frau erzählte mir, wie ihre Deutschlehrerin nach wenigen Wochen auf die Idee kam, mit ihrer Klasse einen Ausflug in die KZ-Gedenkstätte Sachsenhausen zu unternehmen. Die Syrerin wusste nicht, worauf sie sich da unvorbereitet einließ. In der Gedenkstätte, so berichtete sie mir, brach sie bei der Führung seelisch zusammen. Sie gab sich Mühe, sich nichts anmerken zu lassen, denn die weiß-deutsche Lehrerin sei einfach zu glücklich und stolz auf sich gewesen, dass sie ein paar Nichtweiße aufklären konnte. Das Trauma der geflüchteten Frau bekam dadurch aber ein schreckliches Update. Und sie fühlte sich in Deutschland, im für sie plötzlichen Land der Täter, nicht mehr sicher.

Viele weiße Deutsche inszenieren sich gerne im Ausland als Erinnerungskulturexportweltmeister. Sie reisen also in andere Länder und erzählen leidenschaftlich, wie gut und abschließend sie ihre eigene Geschichte aufgearbeitet haben. Erinnerungskultur made in Germany wird im Ausland manchmal mit einem Werbe-Jingle eingeläutet. Das geschieht auf oberster politischer Ebene, aber auch im Alltag durch deutsche Tourist*innen.

Im Sommer 2019 war ich auf eine Konferenz in Ruanda eingeladen. Gleich am ersten Tag nach meiner Ankunft löste ich mich von der Konferenzgesellschaft und ging zur Völkermordgedenkstätte, die an den Genozid von 1994 erinnert, bei dem knapp eine Million Tutsi und andere politisch moderate Ruandesen von Hutu-Milizen und ihren Verbündeten massakriert wurden. Am Genozid-Denkmal im Herzen der Hauptstadt Kigali informierte ich mich im Museum über die Brutalität und die unrühmliche Rolle europäischer Regierungen bei diesem Völkermord.

Ein ruandischer Fremdenführer erklärte im Museum einer deutschen Touristin den Kontext des ruandischen Bürgerkriegs von der europäischen Besatzung Afrikas bis zur Live-TV-Übertragung der Massaker in den Neunzigerjahren. Er fragte sie danach, ob sie die Geschichte vom deutschen Genozid an den Herero und Nama (siehe Punkt 3 weiter unten) kenne. Noch bevor er aussprechen konnte, schüttelte sie den Kopf und sagte mit starkem deutschen Akzent auf Englisch: »We in Schörmany learn a lot about ze Holocaust, because ze Holocaust is ze most important in history. You know ze Holocaust?« Der ruandische Guide lächelte und bat die Deutsche um etwas Geduld. Zunächst wolle er ihr den Genozid an den

Herero und Nama erklären, im nächsten Raum komme der Holocaust an die Reihe, über den er als Historiker genau Bescheid wisse.

(2) Wiedergutwerdung

Der Soziologe Y. Michal Bodemann hat Ende der Neunzigerjahre einen sehr praktischen Begriff erfunden: Erinnerungstheater. Der Plot dieser Inszenierungen ist die Wiedergutwerdung von Deutschen, die gerne selbstaffirmativ über ihre Geschichte sprechen, damit ihre Schuld und irgendwie auch Verantwortung ablegen möchten und dabei Holocaust-Opfer, -Überlebende und ihre Nachfahren auf Statistenrollen degradieren. Diesen Begriff anzuwenden ist zugegebenermaßen für eine nicht jüdische Person eine schwierige Gratwanderung.

Nun kritisiere ich auch noch, dass weiße Deutsche über ihre eigenen Verbrechen sprechen? Ja, das tue ich. Allerdings nicht per se. Erinnerungstheater zielt nämlich auf einen wichtigen Punkt im Handeln einer jeden Person und Gesellschaft ab: die Intention. Sie herauszuarbeiten und zu zeigen, wie sie das Sprechen und Handeln selbst beeinflusst, ist eine komplizierte, nie ganz eindeutige Angelegenheit. Es geht nämlich dabei um einen tiefen Blick in die individuelle und kollektive Psyche von Menschen und Gesellschaften. Auch hier setzen sich mehrere Beispiele zu einem Gesamtbild zusammen und lassen Rückschlüsse zu.

Die Psychotherapeutin und Historikerin Barbara Steiner stellt in ihrem Buch *Die Inszenierung des Jüdischen* folgende Frage: Weshalb wollten nach dem Zweiten Weltkrieg so viele nicht jüdische Deutsche zum Judentum konvertieren?

Steiner beschreibt zunächst, wie die deutsche Geschichte die Kinder, Enkel und Urenkel von Nazis und ihren Mitläufern nach 1945 belastet hat. In vielen Familien wurde die Rolle der Großeltern, der Eltern, Onkel und Tanten im Dritten Reich tabuisiert. Im Mittelpunkt standen das eigene Leid, die Vertreibung und der Hunger während und nach dem Zweiten Weltkrieg. Die Verarbeitung der eigenen Verbrechen war mit viel Scham und Schuldgefühlen überzogen.

Schon ab den Fünfzigerjahren suchten viele weiße Westdeutsche den Kontakt zu Juden. Diese neue Judenliebe sollte allerdings nicht wirklich neue Beziehungen zwischen den Nachfahren der Täter und den Überlebenden der Schoa aufbauen. Eher war der Zweck dieses Philosemitismus: eine deutsche Wiedergutwerdung. Bei einigen Deutschen entstand dabei der Wunsch, zum Judentum zu konvertieren. Generell treten eher Menschen zu einer anderen Religion über, die ein instabiles Leben führen, verunsichert und auf der Suche sind, wie beispielsweise eine ICCT-Studie unter zum Islam konvertierten und radikalisierten weißen Niederländern aus dem Jahr 2019 zeigt. Der Übertritt zum Judentum war für viele Deutsche hingegen zu einer Strategie geworden, sich politisch und emotional aus der Affäre zu ziehen. Die

68er-Bewegung definierte sich in großen Teilen selbst als Opfer der eigenen Elterngeneration (siehe Kapitel 2). Die Aneignung der jüdischen Opferrolle wurde bei einigen weißen Deutschen von einem selbstzentrierten Philosemitismus begleitet. Rabbiner Walter Rothschild, der in Schleswig-Holstein selbst von einem Fake-Juden getäuscht wurde, brachte es in einem Interview zu dem Thema im Deutschlandfunk auf den Punkt: »Jude sein – das ist irgendwie … na ja … irgendwie – sexy.«

Der Psychiater Hans Stoffels aus Berlin hat das Phänomen unter 50 Hochstaplern untersucht und herausgefunden, dass die erlogenen jüdischen Biografien samt Holocaust-Geschichten für ein neues Selbstwertgefühl bei den weißen Betroffenen sorgen sollen. Barbara Steiner hat für ihr Buch die Konversionsakten von weiß-deutschen Kandidaten für den Übertritt zum Judentum studiert. Die von Rabbinern angefertigten Dokumente beschreiben die Motive und Gefühle der weißen Deutschen, die in die Synagogen strömten. Sie wollten unbedingt als »vollwertiges Mitglied« in den Gemeinden anerkannt werden, um sich von der Gruppe der Täter zu lösen und in die Gruppe der Opfer zu wandern. In den Akten wird beschrieben, wie weiße Deutsche Rabbiner volllabern, mit unzähligen Briefen regelrecht stalken und um die Aufnahme ins Judentum betteln. Weiße Deutsche setzten sich Kippot auf, pilgerten nach Jerusalem, lebten in Kibbuzim, meldeten sich als Freiwillige in der israelischen Armee, taten alles, um offiziell jüdisch zu werden. Die meisten Rabbiner blieben allerdings standhaft. Vor allem diejenigen, die nicht nachweisen konnten, dass sie eine persönliche Verbindung zum Judentum hatten, wurden nicht zur Konversion zugelassen. Alte weiße Männer (also potenzielle Nazis) haben die Rabbiner ausnahmslos abgelehnt. »Juden waren das, was Deutsche gerne selbst sein wollten: unbelastete Opfer und zugleich unbesiegbare Helden«, schreibt Steiner. Dieses Grundmotiv der Wiedergutwerdung lebt bis heute in der deutschen Erinnerungskultur weiter.

Manchmal gipfelt das Erinnerungstheater regelrecht in einer Persönlichkeitsstörung. In den vergangenen drei Jahren wurden mehrere Fälle bekannt, in denen weiße Deutsche eine Holocaust-Familiengeschichte erfunden und sich jahrelang in Synagogen-Gemeinden als Nachfahren von Schoa-Überlebenden ausgegeben haben. Der ehemalige Vorsitzende der jüdischen Gemeinde im holsteinischen Pinneberg hatte zum Beispiel seine Familiengeschichte angepasst, um sich als Jude zu inszenieren. Die Bloggerin Marie Sophie Hingst erfand eine Großmutter, die den Holocaust überlebt haben soll. Sie erfand darüber hinaus 22 Holocaust-Opfer, die ihre Vorfahren gewesen sein sollen, und schickte dazu sogar gefälschte Dokumente an das Archiv der Gedenkstätte Yad Vashem in Jerusalem.

Diese beiden Betrugsfälle wurden vom *Spiegel* entdeckt. Hingst nahm sich nach der Aufdeckung ihres Lügenkonstrukts das Leben. Sie war psychisch krank und hielt den durch die Recherche ausgelösten öffentlichen Druck nicht aus. Was zeigt, dass dieses Thema tief in die weiß-deutsche Seele reicht. Die Erfindung ganzer Lebensläufe und Betrugsgeschichten in Synagogen sind natürlich Extremfälle, die allerdings eine unangenehme Frage aufwerfen: Auf wen ist die deutsche Erinnerungskultur eigentlich ausgerichtet?

Die egozentrische Anbiederung an Jüdinnen*Juden durch viele weiße Deutsche begegnete mir auch, nachdem ich Anfang 2017 eine Reportage veröffentlichte. Monatelang hatte ich dafür in Berlin und Leipzig unter Antideutschen recherchiert. Sie verstehen sich als eine aus verschiedenen Teilen der autonomen Linken hervorgegangene politische Strömung, die in den Jahren nach der Wiedervereinigung geboren wurde. Denn als Helmut Kohl im schwarz-rot-goldenen Fahnenmeer den Fall der Mauer feierte, ging für einige junge weiße Deutsche erstaunlicherweise eine Welt unter. Sie sahen in der Wende eine große Gefahr, dass sich dieses neue Deutschland an seiner Macht berauschen und sich die dunkle Geschichte ihrer Eltern und Großeltern wiederholen könnte. Sie hatten Angst vor dem »vierten Reich«, wie ich in vielen antideutschen Magazinen und Flyern von damals nachlesen und irgendwie gut nachvollziehen konnte.

Antideutsche, so habe ich dann verstanden, hassen Deutschland einfach. Sie lieben dafür das Gegenteil von Deutschland, das sie in Israel und den USA sehen. Der jüdische Staat und sein US-amerikanischer Verbündeter sind für Antideutsche als logische Konsequenz aus der historischen Schuld der Deutschen ein Identitätsanker. Deswegen heften sich viele Antideutsche einen Davidstern ans Revers, besetzen Räume in Universitäten und Redaktionen, setzen sich gerne Kippot auf, pilgern zu Synagogen und leben dort ihren – wie mir viele jüdische Gläubige erzählt haben – unangenehmen Philosemitismus aus. Die antideutsche Bewegung, die sich an der Schuld ihrer Großeltern abarbeitet, illustriert sehr gut das Konzept von Erinnerungstheater.

Natürlich mochten viele Antideutsche, die an Hochschulen, in Medien, Politik und Zivilgesellschaft zu finden sind, meine Reportage über sie so gar nicht. Auf sozialen Medien meldeten sich Hunderte von ihnen und forderten meine Kündigung als Journalist, meine Abschiebung »zurück nach Mekka auf einem fliegenden Teppich«, ich solle »wie Gaza flächendeckend bombardiert werden«, sei als Mohamed sogar zu dumm, um »sonntags Brötchen zu holen«. Antideutsche haben einen komischen Humor, sie überboten sich dabei mit rassistischen Beleidigungen und starteten eine Kampagne, die mich als Israelhasser darstellen sollte. Im wichtigen Kampf gegen Antisemitismus ist ihnen alles recht: sogar Rassismus. Wenn man meinen Namen bei Google eintippt, wird heute noch »Israel« als Ergänzung vorgeschlagen. In vielen antideutschen Kreisen herrschen rassistische, verallgemeinernde Denkmuster über Muslim*innen, Geflüchtete, Araber*innen, People of Color.

Und ich habe verstanden: Viele Antideutsche sind auch nur weiße Deutsche. Oft ist ihre Fokussierung auf deutsche Geschichte von einer Beschäftigung mit sich selbst geleitet und geprägt. In meinen Gesprächen mit Antideutschen ging es immer um den Opa, der bei der Waffen-SS oder der NSDAP aktiv war. Die eigene Herkunft aufzuarbeiten ist notwendig. Allerdings nutzen viele Antideutsche die deutsche Erinnerungskultur, um Schwarze Menschen, People of Color oder auch Geflüchtete auszuschließen. So im Sinne von: Dein Opa war kein Nazi, also weißt du nicht, wie schlimm die deutsche Geschichte wirklich war. Aufarbeitung wird so zur eigenen Imagepflege, und das ist problematisch. Abgesehen davon, dass ich froh bin, dass mein Opa wirklich kein Nazi war.

(3) »Nie wieder!« mit Mindesthaltbarkeitsdatum

Immerhin – sage ich mir manchmal – sorgt der komische selbstzentrierte Philosemitismus für eine besondere Sensibilität gegenüber rechtsextremen und antisemitischen Tendenzen in Deutschland. Antideutsche blockieren zum Beispiel Nazi-Aufmärsche. Viele andere (junge) Deutsche wollen dagegen nichts mit deutscher Geschichte und der daraus resultierenden Schuld zu tun haben. Ein Bekannter von mir erzählte mir neulich, dass sich sein fast erwachsener Sohn beim Thema Erinnerungskultur wortwörtlich die Ohren zuhalte. Er habe durch einen Trick verhindert, an einer Klassenfahrt nach Auschwitz teilnehmen zu müssen. Seinen Eltern hatte er die Fahrt einfach verschwiegen. Von seinem Vater darauf angesprochen hatte er schlicht behauptet, dass er halt nichts mit dem Holocaust zu tun habe. Mit dieser Einstellung ist er unter jungen weißen Deutschen kein Einzelfall.

Unter Gymnasialschüler*innen (die überwiegend weiß sind) werden in WhatsApp-Gruppen antisemitische Witze und Holocaust-Relativierungen geteilt. In den Jahren 2019 und 2020 gab es zum Beispiel mehrere entsprechende Fälle in Bayern. Beim Fasching in einer Hamburger Schule erschien Anfang 2020 sogar ein Kind in einer selbst gebastelten SS-Uniform. Und wer glaubt, dass das Wort »Jude« nur unter nichtweißen Hauptschüler*innen als Schimpfwort gilt, liegt falsch.

Generell tauchen immer wieder Meldungen auf, die einen aufschrecken. Anfang 2020 habe ich mir für zehn willkürlich ausgewählte Tage vorgenommen, Geschichten des zeitgenössischen deutschen Antisemitismus und des Erinnerungstheaters zu dokumentieren. Hier eine kleine Auswahl:

Am 22. Januar 2020 wird bei einer israelischen Gedenkzeremonie für die Opfer der Schoa ein kurzer Film gezeigt. Darin kommen mehrere Staats- und Regierungschefs mit kurzen Zitaten zu Wort. Bundespräsident Frank-Walter Steinmeier entscheidet sich für folgendes sehr eigenwillige Zitat: »Die Schoa … eine selbst zugefügte Wunde, die niemals gänzlich geheilt ist …«

Am 27. Januar 2020 gibt der junge CDU-Bundestagsabgeordnete Philipp Amthor dem Fernsehsender NTV ein Interview zum 75. Jahrestag der Befreiung des KZs Auschwitz-Birkenau. Amthor suggeriert darin, dass Antisemitismus aktuell vor allem ein migrantisches (und damit kein weißdeutsches) Problem sei. Im Wortlaut heißt es: »Antisemitismus, das darf man nicht vergessen, ist vor allem in muslimisch geprägten Kulturkreisen besonders stark vertreten.« Den Judenhass in Deutschland verbindet er in erster Linie mit der »Migration der letzten Jahre«. Die deutsche Gesellschaft erwarte »zu Recht«, dass sich »Zuwanderer an unsere Kultur halten«, sagt Amthor.

Am 28. Januar 2020 postet Tom Radtke, Kandidat der Partei Die Linke bei der Bürgerschaftswahl in Hamburg, mehrere Tweets, in denen er von der CO_2-Bilanz der Schoa und einem aktuellen »Klima-Holocaust« spricht. Der 18-Jährige war damals für Fridays-for-Future aktiv und reagiert trotzig auf darauf folgende Kritik. Er provoziert danach weiter und unter Applaus von Figuren der rechtsextremen Identitären Bewegung mit nationalistischen und verschwörungstheoretischen Statements.

Am 30. Januar 2020 blockiert die Koalition aus CDU/CSU und SPD mit ihrer Mehrheit im Bundestag eine Gesetzesänderung, die Nachfahren der in der NS-Zeit ausgebürgerten Juden die deutsche Staatsangehörigkeit zurückgeben würde. Ein neues Gesetz schaffe »weniger Rechtssicherheit«, rechtfertigt zum Beispiel der CDU-Abgeordnete Philipp Amthor die ablehnende Haltung seiner Fraktion.

Am 31. Januar 2020 berichtet der NDR, wie Jens-Christian Wagner, Leiter der Stiftung niedersächsische Gedenkstätten, zu denen auch die Gedenkstätte Bergen-Belsen gehört, von AfD-Anhängern bedroht wird. Zuvor hatte der Historiker der AfD Geschichtsrevisionismus vorgeworfen. Als Beispiel nennt Wagner den Fall eines AfD-nahen Lehrers, der seiner Klasse nahelege, dass der Holocaust nie stattgefunden habe. Die Jugendlichen seien bei einem Besuch der Gedenkstätte durch die provokative Leugnung der Schoa aufgefallen.

Bei dieser Mischung aus Selbstbezogenheit beim Gedenken und zahlreichen jungen weißen Deutschen, die sich gar nicht mehr erinnern möchten oder ihren Antisemitismus direkt ausleben, stelle ich mir schon die Frage, wie lange sich das »Nie wieder!« halten kann und worauf es sich mittlerweile konkret bezieht.

Im Jahr 2018 habe ich als Redakteur an einer Reihe zum Thema deutscher Kolonialismus mitgewirkt. Es ging um die deutsche Besatzung und damit verbundene Verbrechen im heutigen Kamerun, in Togo, Namibia, Tansania, Burundi und Ruanda, im Norden Papua-Neuguineas, Kiautschou in Nordostchina und auf mehreren Inseln im Pazifik. Mir war es wichtig, die Geschichten zu erzählen, die für viele BIPoCs in Deutschland relevant sind: die koloniale Dividende, von der Städte wie Hamburg und Bremen bis heute zehren, die vielen Straßennamen, die deutsche Kolonialverbrecher ehren, und die Aufarbeitung des Genozids an den Herero und Nama. Mehrfach erreichte mich danach von Leser*innen und Kolleg*innen die rhetorische Frage, ob sich die Deutschen nun auch noch über »diese alte Geschichte in Afrika« aufregen müssten und ob man nicht mal einen Schlussstrich unter *diese Sachen* ziehen könne – zumal der Holocaust ja nun ausführlich besprochen sei.

Dabei muss die Schoa als zentrales Ereignis deutscher Schuld im Kontext betrachtet werden. Und so ist der von Deutschen angeordnete und begangene Genozid im heutigen Namibia, bei dem zwischen 1904 und 1908 70 000 Menschen getötet und zwei Volksgruppen fast ausgelöscht wurden, nicht nur ein Ereignis für sich, das eine gründliche und ehrliche Aufarbeitung verdient hat. Der Rassentheoretiker und KZ-Arzt Josef Mengele erlernte sein »Wissen« als Student im Zuge der deutschen Besatzung von »Südwestafrika«, also des heutigen Namibia. Mengele entwickelte seine Rassentheorie unter anderem bei »Experimenten und Studien« an Körpern getöteter Herero und Nama. Später wandte er seine menschenfeindlichen Theorien in Auschwitz an.

Dieses »Wissen« wird bis heute in Teilen der deutschen Gesellschaft angewendet: von Politikern im Bundestag, von Kolumnisten großer Zeitungen, von rechtsextremen Terroristen in verschiedenen Dosierungen und Tonlagen (siehe Kapitel 8). Es stimmt also einfach nicht, dass in Deutschland alles wieder im Lot ist.

Am Abend nach dem Attentat von Halle am 9. Oktober 2019 lag ich auf dem Bett in einem Hallischen Hotelzimmer. Ich war kurze Zeit nach der ersten Eilmeldung in den Zug gesprungen und schaute mir das vom Attentäter mitgeschnittene Video des Terroranschlags an. Zwei Menschen hatte der weiß-deutsche Terrorist zwischen einer von ihm als Anschlagsziele ausgewählten Synagoge und einem Dönerladen erschossen. Nur eine alte, widerspenstige Holztür trennte ihn von 51 Gläubigen in der Synagoge. Ich fühlte mich als Reporter wie in einem Tunnel, versuchte mich auf die Erzählungen der Überlebenden zu konzentrieren, wurde dabei aber immer wieder von ostdeutschen Journalisten abgelenkt, die sich vor allem über das Image von Ostdeutschland Gedanken machten, ebenso von politischen Entscheidungsträgern, die darauf bestanden, dass dieser Terror »uns alle« beträfe, und von Spaziergängern in Halle, die die Gewalt zwar tragisch fanden, aber kein strukturelles Problem darin sahen. Das sei halt die Tat eines Verrückten, sagte mir ein weiß-deutscher Nachbar der Synagoge.

Die Gedanken der Überlebenden von Halle sprechen für sich. Die Menschen in der Synagoge haben nämlich jeden Tag mit dem deutschen Antisemitismus zu kämpfen. So auch Anastassia Pletoukhina, die im jüdischen Gotteshaus am 9. Oktober 2019 mit dem Leben davongekommen ist. Bei einem Interview nach dem Attentat sagte sie mir folgende sehr weise Worte: »Wir müssen offen über die Verletzungen der deutschen Mehrheitsgesellschaft sprechen, über die mehrfachen Traumata im Dritten Reich, in der DDR und bis heute in der Bundesrepublik. Es braucht einen gesunden Umgang mit der eigenen Geschichte und für jeden Deutschen eigentlich auch mit der eigenen Familiengeschichte. Denn diese historischen Traumata, sie führen dazu, dass sich einige Menschen in diesem Land radikalisieren. Es braucht auch eine ehrliche Auseinandersetzung über die deutsche Identität. Denn es kann nicht sein, dass diese sich bei einigen aus Antisemitismus und Rassismus speist.«

Einerseits bleiben deutsche Geschichte und ihre Kontinuität im europäischen Kontext also bei Weitem unaufgearbeitet, andererseits wird schon behauptet, dass »dieses Kapitel abgeschlossen« sei. In diesem Spannungsfeld wird deutsche Erinnerungskultur zur deutschen *Erinnerungsüberlegenheit.* Denn das »Nie wieder!«, also die eigentliche Funktion der Erinnerungskultur, verblasst, das *positive Feeling,* sich zu erinnern, bleibt beim Erinnerungstheater aber erhalten. Dies ist eine problematische Entwicklung. Zum Beispiel wenn der weißdeutsche Autor, den ich am Anfang dieses Kapitels zitiere, sich selbst als Widerstandskämpfer im Dritten Reich imaginiert. Er könne sich, erklärte er mir an einer anderen Stelle, nicht vorstellen, wie man als Deutscher zwischen 1933 und 1945 nicht in den Widerstand gegen die Nationalsozialisten gegangen sei. Und dieser romantische Tagtraum, der ebenfalls sehr dumm ist, zeigt, dass viele weiße Deutsche die banale Überzeugungskraft der Nazi-Propaganda und -Hassideologie nicht durchdrungen haben. Wie soll ein »Nie wieder!« konkret greifen, wenn die Geschichte selbstaffirmativ verstanden wird? Die Antwort auf diese Frage macht mir in Deutschland schlicht Angst.

Dass meine Gedanken zur deutschen Erinnerungskultur nicht ganz abwegig sind, bekam ich leider sehr persönlich zu spüren. Ich möchte dieses für so viele Menschen in Deutschland ewig geöffnete Kapitel mit einer für mich sehr emotionalen Erfahrung mit der deutschen Erinnerungsüberlegenheit an dieser Stelle abschließen.

Ende September 2018 saß ich neben einem weiß-deutschen Künstler auf der Bühne eines Theaters in Düsseldorf. Er sprach über seine Kunstperformance, die er später aufführen sollte und die sich, wie er sagte, um die Rolle seines Großonkels beim Rifkrieg gegen die spanische Besatzung Anfang des 20. Jahrhunderts in Nordmarokko drehte. Nachdem ich von den Unabhängigkeitskämpfern in meiner Familie erzählt hatte, blickte mich der Künstler an und sagte: »Mein Großonkel hat deinen Großvater und deine Verwandtschaft umgebracht. Es tut mir so leid!« In der ersten Reihe saßen einige marokkanischstämmige Düsseldorfer*innen, denen die Tränen in die Augen schossen. Auch ich musste mich zusammenreißen, um nicht zu weinen. Da saß er neben mir, der weiße Deutsche, der schonungs- und selbstlos seine Familiengeschichte aufarbeitet.

An dieser Stelle bitte ich Sie erneut um Ihre Geduld. Ich denke, dass es einen weiteren kleinen Exkurs in ein dunkles Kapitel der deutschen Geschichte braucht:

Im Zuge des Ersten Weltkriegs setzten deutsche Kriegstreiber hochgiftiges Senfgas gegen ihre Gegner ein. Es sorgte dafür, dass Menschen von innen verbrannten. Nach der Niederlage Deutschlands entschied sich der deutsche Staat dafür, die neue Chemiewaffe weltweit zu vermarkten. Zwar beinhaltete der Versailler Vertrag ein Verbot für deutsche Chemiewaffen, dieses Verbot galt aber nicht für den Einsatz gegen andere Völker in Asien, Afrika oder im Nahen Osten. Die »Unzivilisierten« dort konnten nach Belieben der Europäer getötet werden.

Weniger als zwei Jahre nach dem Versailler Vertrag fingen mehrere Stämme im nordmarokkanischen Rif an, gegen die spanische Besatzung und im Namen der Unabhängigkeit in den Krieg zu ziehen. Diese erste Revolution gegen den europäischen Kolonialismus wurde vom Freiheitskämpfer Abdelkrim angeführt. Unter seinen Soldaten: mein Großonkel und mein Großvater. Das hatte mir mein Vater immer wieder stolz erzählt. Ich hörte seinen nostalgischen Geschichten – weil pubertierend – aber höchstens mit halber Konzentration zu. Diese Ereignisse kamen – anders als die Geschichte Europas – in meinen Schulbüchern nicht vor. 1923 erreichten die Rif-Stämme ihr Ziel: die Unabhängigkeit. Sie sollte allerdings nur drei Jahre dauern, dafür sorgte ein Mann aus Hamburg.

Der deutsche Chemiker Hugo Stoltzenberg ist der Großonkel, von dem mir der Künstler in Düsseldorf zum ersten Mal erzählte. Parallel zur Unabhängigkeitserklärung der Rif-Republik in Nordmarokko gründete er die »Chemische Fabrik Stoltzenberg« mit Sitz am Hamburger Hafen und verschiffte von dort aus Senfgas in die ganze Welt. Seine ersten und besten Kunden waren der französische und der spanische Kolonialstaat, für den er die Senfgas-Angriffe in Nordmarokko sogar im Detail plante. Es ist bis heute unklar, wie viel Gift damals genau versprüht wurde. 1926 zwang dieser asymmetrische Krieg Abdelkrim zur Kapitulation. Zehntausende seiner Kämpfer und noch mehr Zivilisten waren von der Luft aus mit dem Senfgas getötet worden.

Nach der Düsseldorfer Podiumsdiskussion las ich alles, was ich zu diesem für mich besonders schrecklichen Kapitel deutsch-europäischer Geschichte in die Hände bekam. Ich bewunderte den weiß-deutschen Künstler, der mich über meine eigene Familiengeschichte aufklärte. Ich war ihm irgendwie dankbar, dass er mit seiner Kunst diese Erinnerung aufrechterhielt. Schließlich begab ich mich im Februar 2020 zusammen mit Professor Martin Zillinger von der Universität Köln zu einer Recherchereise nach Nordmarokko. In der Stadt Al-Hoceima sprachen wir mit lokalen Aktivisten und Historikern. Einer von ihnen zeigte uns ein Bild von Überresten einer alten Giftgasbombe, die sich am Vortag in einem Fischernetz vor dem Hafen der Stadt verheddert hatte. Regelmäßig finden die Menschen dort in ihrer Umwelt solche gefährlichen Relikte der deutschen Vergangenheit.

Ein Großteil der Krebspatienten in Marokko stammt aus dieser eher dünn besiedelten Region, staatliche Statistiken gehen von mehr als 60 Prozent aus. Immer, wenn ich zuvor im Rif war und mir die Städte und Dörfer der Amazigh-Stämme anschaute, fielen mir viele Kinder mit deformierten Gliedmaßen auf; die Frauen, die mir erzählten, wie viele Menschen in ihren Familien regelmäßig und bis heute durch den Krebs sterben; die armen Menschen, die sich die Reise zur Behandlung in die marokkanische Hauptstadt Rabat nicht leisten können, weil der marokkanische Staat sehr sparsam mit Investitionen in dieser Region umgeht und trotz des akuten Bedarfs kein ordentliches Krankenhaus dort bauen möchte. Kritiker dieser Missstände werden festgenommen und eingesperrt. Medizinische Einschätzungen und Datensätze legen nahe, dass die hohe Krebsrate und die bis heute angeborenen Behinderungen der Kinder Spätfolgen des Senfgas-Einsatzes aus den Jahren 1925 und 1926 sind.

Mein Großvater starb an Krebs, als ich ein Jahr alt war. Mein Vater erkrankte 25 Jahre später an Darmkrebs, der so aggressiv war, dass die Ärzte ihm sagten, dass er sich nach Hause zum Sterben begeben solle. Dieser Krebs wird von Generation zu Generation in meiner Familie weitergegeben. Kann es sein, dass Hugo Stoltzenberg in

Kooperation mit dem spanischen Kolonialstaat meine Familie – und vielleicht auch mich – bis heute tötet?

Nach meiner Rückkehr aus dem Rif schrieb ich den Künstler, den ich in Düsseldorf kennengelernt hatte und der auch in Berlin lebt, an. Ich wollte mit ihm über mein neuestes Buchprojekt sprechen, ihn als Beispiel für eine selbstlose, kontextualisierte, emphatische Erinnerungskultur meinen Leser*innen vorstellen (siehe Kapitel 9). Mir fiel es schwer, mit ihm über meine Gefühle zu sprechen, weil ich ihn wirklich bewunderte. Ich war so aufgeregt, als ich vor einem Café auf ihn wartete. Ich weiß noch genau, wie er sich einen Kaffee und eine Zimtschnecke bestellte. Knapp zwanzig Minuten ließ er mich sehr emotional über meine Reise erzählen, bevor er mir in die Augen blickte und sagte, dass Hugo Stoltzenberg gar nicht sein Großonkel sei. Er habe die familiäre Verbindung zu ihm erfunden, weil das schlicht besser für seine Kunstperformance gewesen sei. Er kaute dabei genüsslich auf seiner Zimtschnecke und lächelte. Es war ein einziges Erinnerungstheater.

8
Tödliche Vernunft

Weiße Deutsche haben die Vernunft erfunden. Im 18. und 19. Jahrhundert stritten Philosophen wie Immanuel Kant, Georg Wilhelm Friedrich Hegel und Arthur Schopenhauer über die Metaphysik, die Vorzüge des menschlichen Verstands und den daran geknüpften gesellschaftlichen Fortschritt. Die daraus entstandenen philosophischen Abhandlungen dienten der modernen Wissenschaft als Grundlage, um Theorien, empirische Forschung und Methoden zu entwickeln.

Aber genug philosophiert: Im vorherigen Absatz habe ich absichtlich einen Fehler eingebaut. Lesen Sie die Zeilen gerne noch mal und schauen Sie, ob Ihnen der Fehler auffällt. Nach einem erweiterten Weißraum – als kleine Gedankenpause – folgt die Auflösung.

Natürlich haben weiße Deutsche nicht DIE Vernunft erfunden. Philosophische und spirituelle Schulen aus vielen anderen Ecken dieser Welt haben eigenständig oder im Austausch ihr eigenes Verständnis von Vernunft erarbeitet – teils lange vor den Schriften von Kant, Hegel oder Schopenhauer. Da geht es zum Beispiel darum, dass es bei den Indigenen Australiens schon immer vernünftig war, natürliche Ressourcen zu schonen und mit der Umwelt im Einklang zu leben, in muslimischen Gesellschaften werden Senior*innen nicht erst seit der Corona-Pandemie als integraler Teil der Gesellschaft geschützt und geehrt, und in vielen Regionen Südamerikas wird Arbeit nicht nur als Lohnarbeit definiert. Außerhalb von Europa denken Menschen ebenfalls, wer hätte das gedacht (siehe Kapitel 4)? Und es ist relativ simpel, das reiche Wissen der restlichen Welt anzuerkennen und selbstkritisch für sich zu nutzen (siehe Kapitel 9). Dennoch möchte ich hier spezifisch auf die europäische und vor allem auf die deutsche Vernunft schauen. Während sie nämlich für viele Weiße als Ausgangspunkt einer Erleuchtung gilt, endet(e) sie für viele Nichtweiße im schlimmsten Fall tödlich. Denn sie eröffnet auch heute Möglichkeiten der Diskriminierung, Andersmachung und Gewaltanwendung, die viele längst überwunden glauben.

Ich bin als denkender nichtweißer Mensch an konkreten Spielarten der weißen Vernunft interessiert, daher versuche ich mich zunächst in einer Definition des Subjekts in dieser Angelegenheit: Wer vernünftig ist, besitzt

Besonnenheit und Einsicht, spricht und handelt angemessen und einleuchtend. Dies verhält sich in anderen Sprachen ähnlich: Vernunft wird im Englischen zum Beispiel mit *reason* oder sogar *good sense* übersetzt. Im Französischen ist es *la raison* oder *bon sens*. Wörtlich also: guter Sinn. Vernunft, das ist der gesunde Menschenverstand, an dem niemand zweifeln kann – weil er eben gut und gesund ist. In einer idealen Welt wünschen wir uns als Menschen andere vernünftige Menschen in Entscheidungspositionen. Denn die Vernunft siegt am Ende immer.

Wo jemand siegt, verliert allerdings oft jemand in einer anderen Position. Was wäre, wenn die weiß-europäische Vernunft nur für eine bestimmte Gruppe gut und gesund wäre? Was wäre, wenn die deutsche Definition von Vernunft manchmal als Camouflage diente, um mit wenig Besonnenheit und noch weniger Einsicht unangemessen und widersinnig zu sprechen und zu agieren? Lassen Sie es mich in normaler Sprache formulieren: Kann Vernunft etwas Schlechtes sein?

Ich würde sagen: ja. Das krasseste Beispiel, wie die europäische Vernunft zum – diplomatisch ausgedrückt – Nachteil des Rests der Welt eingesetzt wurde, ist der Kolonialismus. Ich möchte mich in diesem Kapitel allerdings auf die Gegenwart konzentrieren und darauf, wie diese Vernunft im Alltag und im gesellschaftlichen Diskurs gelebt wird und welche Konsequenzen sie für Nichtweiße hat. Es gibt nämlich verschiedene Methoden, die vernünftiges Sprechen und Handeln suggerieren, letztendlich aber Exklusion zum Ziel haben. Es geht den entsprechenden, meist weißen Subjekten oft darum, die eigenen Privilegien zu horten, sie mit aller (diskursiver) Macht zu bewahren und dies mit einem Vernunftschleier zu bedecken. Diese Methoden möchte ich im Folgenden gerne einzeln besprechen, dann wird mein Gedankengang hoffentlich konkreter.

Streit

Bis ich vierzehn Jahre alt war, habe ich fest daran geglaubt, dass man über ALLES streiten kann. Dann kam ich in die achte Klasse, und meine Französischlehrerin gab uns die Hausaufgabe auf, einen Aufsatz zu schreiben. Die Frage lautete: Bist du für oder gegen die Todesstrafe? Und warum?

Ich war definitiv gegen die Todesstrafe, machte mir aber mehr Gedanken um die Aufgabenstellung selbst. Sollte man überhaupt diskutieren, einen anderen Menschen zu töten? Wenn ja, wohin führt so ein Streit? Wenn nein, wer entscheidet auf welcher Grundlage, was konkret nicht diskutierbar ist? Zehn Jahre später, als ich Kant, Hegel und Schopenhauer an der Universität kritisch lesen konnte, hatte ich endgültig die Erleuchtung, dass eine absolute Offenheit, ALLES ohne Vorbedingungen diskutieren zu wollen, etwas naiv und kindisch daherkommt. Ich sah aber auch, dass viele weiße Subjekte um mich herum genau diesen naiven und kindischen Streit anhimmeln und ihn als Inbegriff der Vernunft verstehen.

Die Fernsehmoderatorin Maybrit Illner gab in einem Interview im März 2020 folgende Aussage zu Protokoll: »Ich glaube an die Kraft des Streits – auch wenn das in Bezug auf die AfD gerade keine bequeme Position ist.« Illner benutzt den Streit als Methode, um die regelmäßige Einladung von Rechtsextremisten zu rechtfertigen. Fast alle deutschen Talkshow-Redaktionen lassen die Gäste in ihren Sendungen regelmäßig offen über Menschenrechte diskutieren – und das Problem liegt hier im Wort OFFEN. Denn allein diese offene Diskussion stellt fundamentale Menschenrechte, aber vor allem den Minderheitenschutz zur Disposition. Wenn eine rechtsextreme Ideologie als gesellschaftsfähige Meinung präsentiert wird, manchmal sogar überdurchschnittlich viel Sendezeit bekommt, dann ist der nächste Schritt, Menschen im Mittelmeer ertrinken zu lassen, Sinti*ze und Rom*nja in Lager zu stecken oder Homosexuelle zu heilen, ganz leicht. Vor dem Hintergrund dieser Kritik inszeniert sich Illner als heroische Verfechterin der Meinungsfreiheit. Dabei ist daran nichts Heldenhaftes. Illner kann weiterhin sagen, was, und einladen, wen sie will, allerdings wirkt sich ihre Haltung kontraproduktiv auf die Meinungsfreiheit aus.

Oft wird dieser Streit nämlich auf ein Pro und Contra reduziert. Die progressive Meinung zu einem bestimmten Sachverhalt existiert in vielen deutschen und europäischen Kontexten nicht mehr als eigenständiges Denken, sondern als Begleiterscheinung einer anderen, manchmal menschenfeindlichen Ansicht. Wenn man neben das Plädoyer für die Einstellung der Rettung von Geflüchteten im Mittelmeer einfach den gegenteiligen Text stellt, eine naive Frage über das Pro und Contra platziert, dann ist doch alles chic. Zumindest lautet so der Hintergedanke bei der Pro-und-Contra-isierung des gesellschaftlichen Streits in Deutschland. So wird aber ermöglicht, jede Art von Fragen zu stellen – auch jene, die Deutschland, Europa und die Welt schon mal ins Verderben getrieben hat (siehe Kapitel 7).

Dumme Fragen

Dem grenzenlosen Streit ist also meist eine offene Frage vorgeschaltet. Damit fängt das Problem der Diskursverschiebung an – falls der Diskurs in seiner Anordnung nicht längst schon verschoben ist. Vor wenigen Monaten habe ich auf der Homepage von *Zeit Online* folgende Frage gelesen: »Kann ein friedliches Zusammenleben mit Muslimen gelingen?« Der von Menschen gemachte Algorithmus der Nachrichtenseite gab mir als User zwei Optionen vor. Ich konnte auf »Ja« oder »Nein« klicken. Also:

Ja, ein friedliches Zusammenleben mit Muslimen kann gelingen.

ODER

Nein, ein friedliches Zusammenleben mit Muslimen kann nicht gelingen.

Natürlich kam mir die Frage auf Anhieb sehr *haram* vor, schließlich heiße ich Mohamed. Ich grübelte nach, ob mich vielleicht eine freie Antwortmöglichkeit, in der ich hätte differenzieren können, befriedet hätte. Also ein Textfeld, in dem ich eine ausführliche Antwort hätte eintippen können. Doch ich kam zu dem Schluss: Die Frage an sich ist nicht nur dumm, sondern sehr gefährlich. Denn welche Konsequenz müsste man ziehen, wenn man sich als weißer Deutscher entscheidet: Nein, ein friedliches Zusammenleben mit Muslim*innen kann nicht gelingen. Was wäre da der nächste Schritt?

Die Frage zum friedlichen Zusammenleben mit Muslim*innen war eingebettet in ein Projekt, das den Titel »Deutschland spricht« trägt und unter der Schirmherrschaft von Bundespräsident Frank-Walter Steinmeier stattfindet. Die Grundidee: Wenn alle über alles ins Gespräch kommen, dann ist alles gut. Mein 14-jähriges Ich hätte hoffnungsvoll genickt. Heute macht mich solch eine weiß-deutsche Naivität nur fassungslos. Natürlich wurde dieses Projekt nicht von einer muslimischen oder muslimisch sozialisierten Person entscheidend mitgestaltet, sonst wäre die Frage nach dem Existenzrecht von Muslim*innen in Deutschland nie so gefallen. Beim Thema Vernunft muss man tatsächlich immer auf die Subjekte achten. Wer spricht aus welcher Position? Wer fragt? Wer gibt vermeintlich vernünftige Antworten? Wer setzt diese Vernunft um? Wer muss sich dann fügen?

Man sagt ja, es gibt keine dummen Fragen. Ich finde aber schon und möchte zehn (aus pädagogischen Gründen teils krasse) Beispiele auflisten:

Sollen Frauen wieder an den Herd zurückkehren und nicht mehr arbeiten dürfen? Ja? Nein?
Soll Pädophilie legalisiert werden? Ja? Nein?
Soll Sklaverei legalisiert werden? Ja? Nein?
Soll man Menschenfleisch verspeisen dürfen? Ja? Nein?
Soll man Menschen im Mittelmeer ertrinken lassen? Ja? Nein?
Soll das Höchstalter eines Menschen auf 80 Jahre festgelegt werden? Ja? Nein?
Soll man in Deutschland die Todesstrafe wieder einführen? Ja? Nein?
Soll Inzest erlaubt werden? Ja? Nein?
Soll für Adolf Hitler ein Ehrendenkmal in Berlin-Mitte errichtet werden? Ja? Nein?
Sind alle Deutschen Nazis? Ja? Nein?

Falls sie bei einer der Fragen nun Ja geantwortet haben: uff. Falls sie mit Nein geantwortet haben: auch schwierig. Denn hier geht es darum, dass solche Fragen in einer zivilisierten Welt, auf dem Boden eines demokratietheoretisch festen Fundaments erst gar nicht gestellt werden sollten. Das ist kein Plädoyer für die Tabuisierung von Fragen. Wir wissen alle, dass man in Deutschland (fast) alles sagen kann, denn noch sind zumindest Hakenkreuze und Hitlergrüße hierzulande verboten. Dies ist vielmehr eine Auseinandersetzung mit Machtgefällen und der Positionierung von sprechenden und agierenden Subjekten: Welchen politischen Effekt können solche Fragen haben? Wen würde dieser Effekt treffen? Und wen nicht?

Wolf

Dieses Bild bezieht sich nicht auf das Raubtier, sondern auf den Fleischwolf. Also das Gerät, das aus tierischen Muskelfasern leicht zu kauendes Hackfleisch macht. Es gibt einige weiße Deutsche, die wie ein Fleischwolf sind. Sie wollen mit Ideen und Perspektiven gefüttert werden, um daraus einen Diskurshack zu produzieren. Mittlerweile hat sich in Deutschland zum Beispiel herumgesprochen, dass dieses Land ein Einwanderungsland ist. Gut. In einer vielfältigen Gesellschaft kommen auch immer mehr sich unterscheidende Perspektiven zur Geltung. Zumindest theoretisch.

Denn es gibt einige Gatekeeper – die ich hier lieber Fleischwölfe nenne –, die gerne diese unterschiedlichen Perspektiven aufnehmen und als Hack weiterverarbeiten wollen. Immer mit einer Prise deutscher Vernunft gewürzt. Meist, Sie ahnen es schon, sind es alte weiße Männer, die sich gerne anhören, was alle zu sagen haben, und daraus dann einen Essay basteln, eine Entscheidung ableiten oder als Schiedsrichter erklären wollen, wie die Welt funktioniert beziehungsweise zu funktionieren hat. Beim deutschen Dauerthema Integration zum Beispiel hören sie People of Color nicht deshalb gerne zu, weil sie an ihrer Perspektive interessiert sind, eher geht es darum, Wissen abzuschöpfen (siehe Kapitel 4), die Betroffenheit zu verstehen und dann als vermeintlich objektive Instanz eine Handlungsempfehlung auszusprechen. Die lautet dann in etwa so: Deutsche sollten nicht alle Menschen mit Migrationshintergrund unter Generalverdacht stellen, Menschen mit Migrationshintergrund sollten sich aber auch nicht verdächtig verhalten. Alle treffen sich in der Mitte: Problem gelöst, oder?

Der Fleischwolf stützt sich dabei auf seine vermeintlich objektive (Entscheidungs-)Position und deswegen absolute Vernunft (siehe Kapitel 5). Er ist, weil hyperprivilegiert, gar nicht von den krassen menschenfeindlichen, rassistischen, homo- und transfeindlichen oder misogynen Fragen betroffen. Er kann alles also mit Abstand und natürlich auch moralfrei betrachten. Denn Moral ist in vielen weiß-intellektuellen Kreisen mittlerweile verpönt. Dann lieber die verschiedenen Betroffenheiten durch den eigenen Wolf drehen, auch wenn damit viele Perspektiven unsichtbar gemacht werden. Dabei wäre es einfach und produktiv, genau diese verschiedenen Lebensrealitäten hervorzuheben (siehe Kapitel 9).

Realpolitik

Jahrelang habe ich mich in urbanen, sehr bürgerlichen, sehr weißen Kreisen getummelt. Meistens als Anthropologe im Modus der teilnehmenden Beobachtung. Viele von diesen weißen Deutschen in Berlin-Mitte, Hamburg-Eimsbüttel oder Tübingen wählen Bündnis 90/Die Grünen. Und grüne Parteien sind das beste Beispiel im deutschsprachigen Raum für eine fatale Realpolitik, die mit einem vernünftigen Anstrich vor allem gegen marginalisierte Gruppen agiert.

Natürlich sind nicht alle grünen Stimmen problematisch, und natürlich sind politische Maßnahmen gegen die Klimakatastrophe wichtig. Man muss es den Grünen schon lassen, sie haben die Notwendigkeit einer nachhaltigen Wirtschaft und eines umweltverträglichen Lebens in Deutschland und anderen Ländern Europas überhaupt auf die politische Agenda gehievt. Diese Maßnahmen werden von mehreren grünen Politiker*innen allerdings über die Rechte und das Leben von verletzbaren Menschen gestellt.

Die Grünen in Österreich, die 2020 auf die rechtsextreme FPÖ als Koalitionspartner für den rechten Bundeskanzler Sebastian Kurz folgten, zeigen, wie Realpolitik zum Nachteil von Minderheiten funktioniert. In Österreich lautet das Regierungsmotto: Klima retten, Geflüchtete auf dem Balkan (also vor der Haustür) erfrieren lassen. In Österreich wurde in Kooperation mit den Grünen in Regierungsverantwortung das Recht auf Asyl zusammengestrichen: Es gibt keine unabhängige Rechtsberatung für Geflüchtete mehr, eine europäische Rettungsmission für das Mittelmeer wurde auf Druck Österreichs abgeschafft, Ungarns autokratisch regierender Ministerpräsident Viktor Orbán ist ein gern gesehener Gast im Wiener Regierungsviertel, selbst eine europäische Rettungsaktion von unbegleiteten Kindern in griechischen Lagern während der Corona-Pandemie wurde unter anderen von der österreichischen Regierung blockiert. »Es ist möglich, das Klima und die Grenzen zu schützen«, sagte Bundeskanzler Sebastian Kurz nach der Vorstellung seines Koalitionsvertrags mit den Grünen. Denen blieb nur übrig, zustimmend zu nicken. Denn »schützen« klingt irgendwie vernünftig. Ich finde: Wenn es keine menschenrechtsbasierte Flüchtlingspolitik und inklusive Regierungsführung in weißen Mehrheitsgesellschaften geben kann, wird der Klimawandel zur Lösung. Dann sterben wir zumindest alle, das wäre immerhin fair.

Ich habe schon viele Leitartikel gelesen, die aufgrund solcher Gegenstimmen wie meiner die Demokratie als Ganzes in Gefahr sehen. Weil man muss ja Kompromisse eingehen können, sonst wird *unsere* Freiheit gefährdet. Dabei bedingt die Freiheit der einen die Unfreiheit der anderen. Und es ist für die entsprechenden Autor*innen easy, Minderheitenrechte wegzuwischen, weil sie vom Klimawandel irgendwie betroffen sind, aber die Rettung von Menschenleben auf dem Mittelmeer berührt ihren Alltag, wenn überhaupt, nur marginal. Und über diesem Spirit habe ich mich in Teilen des grünen Milieus (das von Rechten ironischerweise als linke Gefahr dargestellt wird) immer wieder gewundert.

In Süddeutschland wollen einige Grüne zum Beispiel diktatorische Regime in Nordafrika als sogenannte sichere Herkunftsländer ausrufen, um Geflüchtete leichter dorthin abschieben zu können. Eine Mehrheit der Deutschen wolle diese Maßnahme, wurde mir oft von Grünen gesagt. Es sei also vernünftig, sie umzusetzen. Im Jahr 2017 fragte ich eine führende Politikerin von Bündnis 90/Die Grünen, ob sie sich eine Koalition mit Horst Seehofer, dem späteren Heimatminister, vorstellen könne und dementsprechend seine Flüchtlingspolitik mittragen würde. Ihre Antwort: »Wir können uns politische Integrität nicht immer leisten – wenn wir mitregieren wollen.«

Auch anderswo herrscht diese Spielart von Realpolitik. Die Rechten spare ich an dieser Stelle aus, das wäre ja zu einfach. Im vermeintlich linken politischen Spektrum muss man sich dagegen wichtige Nuancen anschauen, um zu verstehen, dass politische Konfliktlinien in einer pluralen Gesellschaft längst anders definiert werden als nur links und rechts.

In Thüringen herrschte zum Beispiel monatelang der politische Stillstand, nachdem sich der FDP-Politiker Thomas Kemmerich Anfang 2020 mithilfe der CDU und der rechtsextremen AfD von Björn Höcke zum Ministerpräsidenten hatte wählen lassen. Diese Truppe gehört für mich also auf jeden Fall in politische Quarantäne. Der Linken-Kandidat Bodo Ramelow inszenierte sich währenddessen als Antifa-Held und verweigerte Höcke den Handschlag. Nach mehreren Anläufen und seiner aufwendigen Wiederwahl zum Ministerpräsidenten entschied sich Ramelow allerdings dazu, den AfD-Kandidaten für das Amt des Landtagsvizepräsidenten mitzutragen. Ramelow machte einen auf Staatsmann und sagte in einem Interview: »Ich habe mich sehr grundsätzlich entschieden, auch mit meiner Stimme den Weg frei zu machen für die parlamentarische Teilhabe, die jeder Fraktion zugebilligt werden muss.« Das klingt sehr vernünftig, es ist aber eine deutliche Anerkennung einer Partei, die Faschist*innen beherbergt: Konsequenterweise hätte Ramelow dem Höcke auch ruhig die Hand geben können.

Demokratie

Ich möchte auf die Hausaufgabe zur Todesstrafe von vorhin zurückkommen: Einen Tag nachdem uns die Lehrerin die Frage mit nach Hause gegeben hatte, brachten meine Klassenkameraden und ich unsere Aufsätze in den Unterricht mit. Alle lasen und argumentierten, und die Lehrerin war entzückt, dass wir so aktiv mitmachten. Im marokkanischen Französischunterricht verhielten sich viele Schüler*innen in meiner Klasse normalerweise bockig, weil wir dort die oft langweiligen Klassiker der französischen Literatur durchkauen mussten und sich alle fragten, was uns dieses (koloniale) Wissen überhaupt bringt. Die zugespitzte Frage nach der Todesstrafe elektrisierte aber die meisten Jugendlichen. Die Lehrerin zählte also die Pro- und Contra-Stimmen durch, und eine sehr knappe Mehrheit entschied, dass in meiner Schulklasse nun die Todesstrafe galt. »C'est la démocratie«, sagte die Lehrerin, und dieser Satz ärgert mich noch bis heute. Weil viele vermeintlich vernünftige Weiße so denken.

Hauptsache, man lässt mit Ja oder Nein über alles abstimmen, und dann hat man das Ergebnis zu akzeptieren. »51 Prozent für Frauen an den Herd, das Mittelmeer als Todesurteil oder Queerfeindlichkeit? Okay, dann ist das wohl entschieden.« So klingt das in meinen Ohren zumindest, wenn das Programm der AfD als Teil der Demokratie gepriesen oder ihr von vermeintlich vernünftigen Politiker*innen eine parlamentarische oder sonstige Teilhabe zugebilligt wird. Dabei gibt es in diesem Zusammenhang nur eine richtige Umgangsweise mit Parteien wie der AfD und Strömungen innerhalb aller anderen Parteien im Bundestag, die die AfD rechts überholen wollen (siehe Kapitel 9).

Demokratie funktioniert nicht ohne Regeln. Über die von mir oben genannten provokanten Fragen einfach abstimmen zu lassen ist absurd. Und auch im traditionellen Satz »Demokratie funktioniert nur mit dem Rechtsstaat« steckt lediglich ein Teil der Wahrheit. Um wen kümmert sich dieser Rechtsstaat und um wen nicht? Nie vergessen: Immer schön auf die Subjekte und ihre Positionierungen achten.

Und dann stellt sich mir die Frage: Wer bekommt in einer Demokratie überhaupt einen Platz und wer nicht? Radikalisierte Demokrat*innen würden sagen: Natürlich sind alle willkommen. Wenn man als Gemeinschaft aber alle »zulässt«, schließt man automatisch einige Gruppen aus. Beispiel: Vor wenigen Monaten bin ich mit einem jüdischen Freund zu einem Stadtfest in Rudow, im Süden Berlins, gefahren. Wir beide erforschen gerne weiße Deutsche. Außerdem wollten wir einfach auf die Kirmes. Wir, Mohamed und Mordechai, saßen also auf einer dieser unbequemen Bänke, schlürften überzuckerte Erdbeerbowle und sahen links und rechts nur Weiße. Plötzlich tauchten auf dem Fest einige Männer auf, die Runen und Reichsadler auf ihre Haut tätowiert trugen. Diese eindeutigen Neonazis schienen aber nur uns zu stören. Viele weiße Besucher*innen des Stadtfests grüßten die Möchtegern-Adolfs mit einem Lächeln, nickten oder winkten ihnen zu. Man kannte und schätzte und herzte sich. Dieses Stadtfest kann im Kleinen für die deutsche Gesellschaft stehen. Weil menschenfeindliche Neonazis augenscheinlich als Teil dieser Gesellschaft vom Rest der Festbesucher*innen anerkannt wurden, mussten wir schnell in die U-Bahn flüchten. Denn diese beiläufige gesellschaftliche Integration von Neonazis kam einer demokratischen Abstimmung gleich: Einige sagten laut Ja zur Koexistenz mit den Adolfs, andere enthielten sich ihrer Stimme, niemand muckte auf. Dabei ist die Anwesenheit von Neonazis nicht mit der Existenz von jüdischem Leben und People of Color kompatibel (was man mit Neonazis stattdessen machen kann, steht in Kapitel 9). Man kann halt nicht alles haben im Leben. Einige Demokrat*innen wissen das auch.

Filterblase

Wenige Monate nach der großen Polarisierung von 2015 in Europa, als Hunderttausende Geflüchtete die Balkanroute gen Norden gewandert waren und deswegen von Rechten und Rechtsextremen das Ende des Abendlandes eingeläutet worden war, saß ich an einem Stammtisch mit mehreren Journalist*innen in Hamburg. Ich war – wie immer – einer der wenigen Menschen of Color bei diesem informellen Austausch. Einer der Kolleg*innen zückte sein Handy und zeigte die Nachrichten eines Handwerkers, mit dem sich der Journalist bewusst in dieser Hochzeit der AfD angefreundet hatte. Beide diskutierten im Chat über aktuelle Politik, und der Handwerker schrieb sinngemäß, dass die ganzen Ausländer die europäische Zivilisation auslöschen wollten und die Deutschen sich dagegen mit allen Mitteln wehren sollten. Der weiß-deutsche Journalist kommentierte seine stolze Präsentation damit, dass es ihm guttue, andere Perspektiven in seinem Freundeskreis zu haben und nicht nur in einer Filterblase zu leben. Ich sagte erst mal nichts und fragte mich, warum es plötzlich im Trend liegt, sich Nazis in den Partykeller einzuladen.

Natürlich ging dieser weiß-deutsche Journalist davon aus, dass er in sogenannten bildungsfernen Milieus fischen musste, um sich einen Nazi-Freund anzulegen und damit zu prahlen, dass er einen bunten Bekanntenkreis habe. Dabei sollte man vielleicht ganz oben ansetzen, wenn es um die leidige Diskussion rund um Filterblasen geht. Wie ein anderes Beispiel zeigt:

Ende 2019 machte ein Foto der US-Moderatorin Ellen DeGeneres, die darauf neben Ex-US-Präsident George W. Bush sitzt, die Runde im Internet. Beide sind gut gelaunt bei einem Footballspiel zu sehen. DeGeneres und Bush lachen und haben offensichtlich eine gute Zeit. Viele Menschen regte das auf. Wie könne es sein, dass eine queere, aktivistische und progressive Person wie DeGeneres mit einem erzkonservativen Menschen wie George W. Bush befreundet sei? Bush, so lautete die Kritik, habe weite Teile des Nahen Ostens mit dem Irakkrieg 2003 ins Verderben gestoßen und Hunderttausende Tote zu verantworten. DeGeneres nutzte daraufhin ihre in den USA populäre Fernsehsendung, um sich zu rechtfertigen. Sie machte ein paar Witze und streute dazwischen, dass sie eben auch Freunde mit »anderen Meinungen« habe. Sie führte ihre Verteidigung wie folgt aus: »Wenn ich sage, dass man nett zu anderen sein soll, meine ich damit nicht, dass man nur nett zu jenen sein soll, die ähnliche Meinungen vertreten. Seid einfach nett zu allen Menschen!«

Das klingt vernünftig und tolerant, ist aber im Grunde eine Einstellung, die nur eine privilegierte weiße Person vertreten kann. Überlebende des Irakkriegs, des Foltergefängnisses Abu Ghraib und des politischen Chaos, das im Irak bis heute herrscht, können sich so eine Freundschaft nur schwer leisten. Auf Deutschland übertragen klingt das dann so: Um ein romantisches Bild der unbegrenzten Nächstenliebe zu malen, müsste ich mich zum Beispiel mit Björn Höcke anfreunden, der mit seiner rechtsextremen, geschichtsrelativierenden und rassistischen Propaganda meine Existenz in Deutschland beenden möchte. Sehe ich aus wie Jesus Christus, oder was? Liebe ist schön, aber man kann nicht von mir verlangen, einen Kriegsverbrecher, einen Nazi oder Terroristen zu umarmen.

Filterblasen, vor allem im engsten Freundeskreis, sind nicht nur okay, sondern gesellschaftspolitisch sehr produktiv (siehe Kapitel 9). Nach dem Aufkommen der AfD sind viele Reportagen erschienen, in denen es darum ging, dass ganze weiß-deutsche Familien zerrissen wurden, weil ein Familienmitglied sich für die AfD entschieden hatte und einige Verwandte darüber entsetzt waren. In manchen dieser Texte wurden beide Seiten irgendwie als gleich dickköpfig dargestellt. Dabei vertrat das eine Familienmitglied Rassismus, Antisemitismus und autokratisches Gedankengut, die familieninterne Opposition dagegen erkannte, warum dies alles so gefährlich ist. Ich zumindest finde es okay, Onkel Günther oder Tante Erna nicht zur Familienfeier einzuladen, solange sie Erdbeerkuchen garniert mit Menschenfeindlichkeit mitbringen.

Identitätspolitik

Die weiß-privilegierte Vernunft hat in den vergangenen Jahren aber eine andere, viel effektivere Methode entwickelt, progressive Kritik an Strukturen der Diskriminierung und von Privilegien zu übergehen: Die Identitätspolitik, kurz IdPol (siehe auch Kapitel 2).

Identitätspolitik ist eine Zuschreibung für politisches Sprechen und Handeln, bei dem die Interessen einer jeweils spezifischen Gruppe von Menschen im Mittelpunkt stehen. Es gilt dabei als vernünftig, nicht über sich selbst und seine Belange zu sprechen. Und irgendwie scheint dieser rhetorische Kniff bei vielen Menschen zu wirken. IdPol-Kritik zielt also darauf, diejenigen als Egoist*innen darzustellen, die es wagen, über ihre eigene Situation, Forderungen und Träume zu sprechen. Sie werden, meist von rechtskonservativen Stimmen, als Spalter*innen bezeichnet, weil sie ja nicht über ALLE in der Gesellschaft sprechen und vermeintlich nur auf sich blicken würden.

Ich möchte deswegen ganz deutlich sagen: Natürlich stehe ich für meine Interessen ein und natürlich spreche ich darüber. Genau diese entschuldigungslose Interessenvertretung sollte Teil einer lebhaften Demokratie in einer pluralen Gesellschaft sein. Zumal die etablierten politischen Kräfte nichts anderes machen. Ich möchte meinen Punkt an dieser Stelle gerne grafisch aufbereiten:

Die CDU: Das ist Identitätspolitik.
Die CSU: Das ist Identitätspolitik.
Die SPD: Das ist Identitätspolitik.
Die Grünen: Das ist Identitätspolitik.
Die FDP: Das ist Identitätspolitik.
Die Linke: Das ist Identitätspolitik.
Die AfD: Das ist rechtsextreme Identitätspolitik.
Deine Petition: Das ist Identitätspolitik.
Dein Leitartikel: Das ist Identitätspolitik.
Dein rechtskonservativer politischer Salon jeden zweiten Freitag im Monat: Das ist Identitätspolitik.
...

Und ich könnte endlos so weitermachen. Deswegen ist die IdPol-Kritik im Kern Müll, und keine von Rassismus, Sexismus oder Queerfeindlichkeit betroffene Person sollte sich von dieser Keule einschüchtern lassen. Es ist also okay, in einer Demokratie zu spalten: zwischen jenen, die Minderheiten ihren Platz in der Gesellschaft zugestehen wollen, und jenen, die sie zum Schweigen bringen wollen. Vor allem BIPoCs bekommt man – ohne Gewaltanwendung – aber nicht mehr stumm geschaltet. Wir sind hier, und wir sprechen weiter ohne Scham über unsere Belange.

9

Lifestyle-Tipps für Süßkartoffeln

Bei einer Lesung im Herbst 2018 fiel mir direkt eine ältere Dame in der ersten Reihe auf. Sie guckte mürrisch und saß im Angriffsmodus auf der Stuhlkante. Ich nenne sie hier Rita Bauer. Mir war etwas schwindelig von der schlechten Luft im überfüllten Raum, der Anblick von Rita Bauer setzte in mir aber prompt das nötige Adrenalin frei, um die zweistündige Veranstaltung durchzuziehen: Ich hatte nach etlichen Lesungen zum Thema weiße Privilegien so eine Vorahnung.

Und tatsächlich dauerte es nur eine Viertelstunde, bis Rita Bauer lautstark protestierte: »Sie wollen mit Ihrer politischen Correctness nur Sprachpolizei spielen, und die Bezeichnung ›Weiße‹ ist sowieso rassistisch.« (Siehe Kapitel 1 und 2.) Rita Bauer war daraufhin nicht mehr aufzuhalten. Sie behauptete, dass ich an einer »Veränderung der deutschen Gesellschaft« arbeite. Was sie damit konkret meinte, verriet sie nicht. Die Moderatorin hatte da schon längst kapituliert, und im Publikum regte sich langsam Widerstand. »Halt die Fresse!«, rief jemand aus den hinteren Reihen. Die Stimmung drohte zu kippen.

Ich bin aber nun mal von meiner Nafri-Mama gut erzogen worden, also bat ich Rita Bauer höflich darum, sich zu beruhigen und ihre Argumente aufzuzählen, mir und dem Publikum zu erklären, warum »mein Plan so gefährlich für Deutschland« sei, wie sie behauptete. Zu jeder ihrer imaginierten Realitäten (»Deutschland wird von Ausländern übervölkert«, »Deutsche sind die wahren Diskriminierten hier«, »Der Kolonialismus spielt heute gar keine Rolle mehr« ...) konnte ich Fakten auf- und Geschichten erzählen, die das Gegenteil beweisen. Ich versprach ihr, dass man sich in Deutschland schon daran gewöhnen werde, dass immer mehr Nichtweiße sprechfähig werden und Gleichberechtigung im Sinne aller Menschen hierzulande ist. Schmollend harrte Rita Bauer den Rest der Lesung in der ersten Reihe aus und drängelte sich am Ende der Veranstaltung an der Schlange am Signiertisch vor. Sie war so wütend, dass sie keinen vernünftigen Satz mehr formulieren konnte: »Sie! Sie! Sie!«, schrie Rita Bauer empört und verließ mit stampfenden Schritten den Raum.

Am nächsten Morgen überraschte mich eine kurze Nachricht im Postfach meines Blogs. Rita Bauer hatte mir mitten in der Nacht geschrieben. Hier ein kleiner Auszug: »*Es tut mir leid, dass ich so laut und unbeherrscht gewesen bin, ganz besonders da Sie so freundlich blieben und mir rieten, mich nicht zu ärgern. Damit hatten Sie natürlich absolut recht, und ich bitte um Entschuldigung.«* Selbst Rita Bauer, die bei mir, wie Sie sich vorstellen können, einen negativen Eindruck hinterlassen hat, trägt also ein wenig Süßkartoffel in sich. Mit dem zuckerhaltigen Windengewächs werden neudeutsch Weiße bezeichnet, die ihre privilegierte Stellung in der Gesellschaft und die Problematik mit dem Rassismus erkannt haben – und etwas dagegen tun (wollen). *Leave no white person behind,* sage ich mir manchmal. Zumindest war ich irgendwie an dem besagten Abend trotz physischer Erschöpfung sehr tolerant und habe mich auf Rita Bauer eingelassen. Je nach Tagesform hätte ich sie einfach ghosten, also ignorieren, oder rhetorisch zusammenfalten können. Beides wäre ebenfalls okay gewesen. Manchmal lohnt es sich aber – vor allem, wenn ich dafür bezahlt werde –, die Konfrontation zu suchen.

Auf Lesungen und Veranstaltungen in den vergangenen Jahren sind mir viele Rita Bauers, Heinrich Schmidts, Annika Metzgers und Bernd Müllers begegnet: in Chemnitz, in Hamburg, in Wuppertal, in Stuttgart, in Wien, in Basel … Für mich ist es immer wieder eine Herausforderung, durchzuatmen (siehe Kapitel 3) und meinen Job zu machen. Ich kann aber im Alleingang weder dafür sorgen, dass Weiße und andere ihren Rassismus verlernen, noch, dass Privilegien in unseren Gesellschaften fair umverteilt werden. Abgesehen davon, dass ich als einzelnes

Individuum lang gewachsene Missstände nicht wettmachen kann, ist kein Buch- oder Veranstaltungshonorar dieser Welt genug, um diese Aufgabe alleine zu stemmen. Eher sehe ich hier die Privilegierten in der Pflicht, sich darum zu kümmern, dass die Gemeinschaft, in der wir leben, inklusiver, respektvoller, aufmerksamer, menschlicher wird. Nur braucht es dafür vielleicht eine Handreichung, um Wege aufzuzeigen, wie man den rassistischen, über Jahrzehnte gewachsenen Strukturen der Privilegierung und Diskriminierung entkommt.

Pragmatisch, wie ich sein kann, möchte ich zum Schluss also 50 konkrete Empfehlungen aussprechen, an denen man sich als weiße und/oder mehrfach privilegierte Person orientieren kann, um eine Süßkartoffel zu werden:

1. Man sollte als Individuum zunächst **anerkennen, dass es so etwas wie weiße Privilegien und eine damit verbundene mächtige Struktur gibt.** Als weiße Person sowieso. Sie können für Ihre Privilegien persönlich nichts. Jede Person wird erst mal in diese Welt reingeboren, und das eigentliche Problem ist, die teils absurden Regeln, die diese Welt strukturieren, zu negieren oder sich damit nicht auseinandersetzen zu wollen. Anders ausgedrückt heißt das Problem: die Augen vor den rassistischen Missständen zu verschließen, sich **dem weißen Fleck** also komplett zu unterwerfen.

2. **Bilden Sie sich eigenständig weiter.** Im Zeitalter von Smartphones und Internet können Sie, falls Sie eine privilegienkritische Frage haben, schnell mit einer Suchmaschine eine Antwort finden. »Ist es okay, einer Schwarzen Person in die Haare zu fassen?«, »Soll ich als Allererstes eine nichtweiße Person fragen, woher sie kommt?«, »Gibt es überhaupt Rassismus?« Sie werden im Netz schnell sehen, was zu tun oder am besten nicht zu tun ist. Außerdem gibt es zu vielen privilegienkritischen und antirassistischen Fragen Studien und Artikel, falls Sie sich weiter in die Materie vertiefen wollen. Lesen und verschenken Sie auch die entsprechenden Bücher zum Thema (siehe Empfehlungen im Anschluss an dieses Kapitel). Dieses Buch bietet sich natürlich auch als Weihnachtsgeschenk für Tante Rita oder Onkel Bernd an.
3. Wenn Sie sich nämlich längst zu Papier gebrachtes, antirassistisches Wissen durchlesen und es vielleicht sogar umsetzen, müssen Sie Schwarze Menschen, People of Color oder Jüdinnen*Juden in Ihrer Umgebung nicht dazu bringen, ohne Entlohnung anstrengende Bildungsarbeit zu leisten. Von Rassismus oder generell von Ausgrenzung betroffene Menschen müssen häufig genug über diese Ausgrenzung Auskunft geben. **Gönnen Sie BIPoCs eine Pause, wenn Sie die Antwort selbstständig finden und durchdringen können.** Wenn Sie ein Wort, ein Konzept

oder eine Erzählung nicht verstehen, schauen Sie gerne im Glossar am Ende dieses Buches nach, es hilft Ihnen vielleicht weiter.

4. Es kann dennoch vorkommen, dass Sie bei einer Frage Gesprächsbedarf verspüren. Warten Sie in diesem Fall auf den richtigen Augenblick, um eine von Rassismus betroffene Person in Ihrem Bekanntenkreis höflich darauf anzusprechen. Am besten aber: **Reden Sie mit anderen weißen Menschen über weiße Privilegien.** Das kommt, glaube ich, viel zu selten vor – obwohl es sehr produktiv sein kann. Falls dann weiterhin Fragezeichen im Raum stehen sollten: Kommen Sie in eine von meinen Lesungen, wir klären das gerne gemeinsam. Dafür werde ich ja bezahlt.
5. Vieles, was ich hier über weiße Privilegien schreibe, kann durchaus auf andere Formen der Privilegierung angewendet werden: Heteronormativität, Cisgender, Leben ohne Behinderung, Besitz eines starken Reisepasses, stabiles oder hohes Einkommen, das Gegenteil von Obdachlosigkeit … **Für einige Privilegierungen gibt es noch nicht mal ein allgemein bekanntes Wort, so unmarkiert sind sie.** Weiße Privilegien stellen aus meiner Sicht allerdings eine tägliche Begleitung in einer Welt dar, in der viele Menschen über Jahrhunderte rassifiziert wurden und leider weiterhin werden. Es gilt also: Akzeptieren Sie, dass sich die mögliche Privilegierung eines Men-

schen aus verschiedenen Quellen speist. Auch weiße Menschen sind mehr als nur ihre Hautfarbe – die in vielen Situationen aber den größten Vorteil bietet.

6. **Verzichten Sie auf diskriminierende Sprache.** Streichen Sie als weiße Person zum Beispiel das N-Wort einfach aus Ihrem Vokabular. Nennen Sie mich nicht Kanake, Ziegenficker oder Nafri. Diese Begriffe wurden erfunden, um Menschen wie mich anders zu machen, um mich auszugrenzen, zu stigmatisieren, zu entmenschlichen. Bei einer Lesung in Wuppertal sagte mir eine junge weiße Frau, dass sie es unfair fände, wenn ich diese Wörter benutze und sie es gleichzeitig nicht dürfe. Das Ding ist: Diese Wörter gehören nun mir. Die Mehrheitsgesellschaft hat sie erfunden und als rassistische Beleidigungen für einige People of Color etabliert – ich darf sie mir nun als sprachfähiges Subjekt of Color aneignen, sie satirisch aufnehmen, mit ihnen spielen. Weiße dürfen das nicht. So einfach ist das.
7. Respektieren Sie die **Selbstbezeichnung von Angehörigen von Minderheiten.** Sagen Sie zum Beispiel einfach Schwarze, wenn Sie Schwarze meinen, weil die meisten Schwarzen das Wort Schwarze präferieren. By the way: Wenn Sie wollen, dass ich anstatt Weiße ein anderes Wort benutze, dann können Sie sich gerne mit den anderen Betroffenen aus der Mehrheitsgesellschaft zusammentun, miteinander

diskutieren und mir Bescheid geben, falls Sie sich auf einen Begriff verständigt haben. Ich halte mich dann auch dran. Versprochen.

8. Sprechen Sie nie für Menschen, die sich in anderen Positionen befinden als Sie. **Geben Sie also das Mikrofon, das Sie vielleicht in der Hand halten, einfach weiter.** Seien Sie kein Wolf (siehe Kapitel 8), und versuchen Sie auch nicht, sich mit der Diskriminierung anderer als objektive Instanz zu profilieren. Es ist als weiße Person nicht Ihre Aufgabe, für Nichtweiße zu reden. Als Mann ist es nicht Ihre Aufgabe, für Frauen zu sprechen. Als Mensch ohne Behinderung sollten Sie Menschen mit Behinderung nicht über ihre Realität belehren. Solidarität ist nicht gleich Paternalismus.
9. Bevor Sie sich zu einem bestimmten Thema äußern: **Gehen Sie kurz in sich und überlegen Sie, wie Sie sich dazu persönlich positionieren.** Denken Sie Ihre Privilegien – egal in welcher Kategorie, aber besonders im Hinblick auf *Race* – immer mit. Bevor Sie also über Obdachlosigkeit sprechen, machen Sie sich bewusst, wie privilegiert Sie sind, dass Ihnen persönlich Obdachlosigkeit mit hoher Wahrscheinlichkeit nie drohen wird. Bevor Sie darüber schimpfen, dass Menschen ohne staatliche Genehmigung Staatsgrenzen überschreiten oder schlicht migrieren, denken Sie über Ihr Privileg nach, einen EU-Reisepass zu besitzen. **Bevor Sie über Rassismus reden, machen**

Sie sich also Ihrer weißen Privilegien bewusst. Und: *Reverse Racism,* also Rassismus gegen Weiße, gibt es nicht. Denn hierfür fehlen eine historische Herleitung, die entsprechenden Strukturen und das nötige Machtgefälle, das Weiße als verletzbare Gruppe markieren würde.

10. Achten Sie in Gruppen darauf, dass Sie **nicht überproportional viel Redezeit und Raum in Anspruch nehmen.** Vor allem (weiße) Männer tendieren dazu, länger als andere zu sprechen und mit ihren Körpern schlicht mehr Platz einzunehmen, als sie brauchen. Es erfordert Training und viel Selbstreflexion, sich diese Verhaltensweisen abzugewöhnen. Bringen Sie die nötige Disziplin dafür auf, es wird jeder einzelnen Person in diesen Gruppen zugutekommen.
11. **Machen Sie sich bewusst, dass es existierende Ungleichheiten sogar verstärken kann, wenn Sie in einigen Situationen »jede Person gleich behandeln«.** Wenn man bei der Vergabe eines Stipendiums lediglich auf die Abiturnoten schaut und denkt, dass diese Auswahlmethode objektiv und fair sei, schenkt man möglicherweise Kindern reicher Eltern, die es nicht brauchen, nur noch mehr Kapital. Talente, die bis zum Bewerbungsverfahren gegen unzählige Formen der Diskriminierung gekämpft haben, gehen so leer aus – weil hier ihre Leistung nicht im Kontext der Realität betrachtet wird.

12. **Holen Sie sich vorher die Genehmigung ab, Unterstützung leisten zu können.** Das macht Ihre »Hilfe« weniger paternalistisch. Und es ist ganz einfach. Sie können der betroffenen Person zum Beispiel sagen: »Lass mich gerne wissen, wenn ich etwas für dich tun kann.« Sie geben von Diskriminierung betroffenen Individuen mit einer Einbeziehung und einem Austausch auf Augenhöhe ihre Existenz als Subjekte zurück. Niemand mag paternalistisch bevormundet werden, ganz unabhängig von der eigenen Positionierung. Falls Sie einen weißen Helferkomplex haben, also gerne nichtweißen Menschen in jeglicher Hinsicht helfen: Hören Sie auf, andere Menschen gegen ihren Willen unbedingt retten zu wollen.
13. Wenn Sie in einer Position sind, einer Person of Color mit ihrem Einverständnis oder sogar auf ihre Bitte hin Rückenwind zu verleihen, dann tun Sie es. **Stellen Sie sich vor, dass Sie wie bei einer Räuberleiter mit Ihren Händen eine Sprosse bilden, damit eine andere Person aus eigener Kraft aufsteigen kann.** Hier ein paar konkrete Beispiele mit Blick auf den Arbeits- und Bildungsmarkt: Wenn Sie in einem Unternehmen tätig sind und einem nichtweißen Arbeiter*innenkind ein Praktikum oder eine Ausbildungschance geben können, dann tun Sie das. Wenn Sie einer Person of Color ein Empfehlungsschreiben für eine Bewerbung ausstellen können, dann tun Sie das einfach. Fackeln Sie nicht lange he-

rum, erklären Sie der Person of Color auch nicht, dass sie nicht qualifiziert sei. Sehen Sie die Bewerbung, auch wenn Sie Zweifel an den Erfolgschancen haben, als gute Erfahrung für alle Seiten. Denken Sie nicht lange nach, wenn Sie zwei gleichwertige Bewerbungen vor sich liegen haben und entscheiden können, ob Sie die weiße oder nichtweiße Person einstellen. Vielfalt kann Ihr Unternehmen, Ihre Behörde, Redaktion, Hochschule oder Ihren Verein nur voranbringen.

14. Eine andere Rita Bauer hat mir mal bei einer Lesung in Freiburg gesagt, dass sie von der Aufforderung, sie dürfe BIPoCs nicht als Allererstes auf ihre Herkunft ansprechen, sehr verunsichert sei. »Darf ich denn einschreiten, wenn neben mir eine nichtweiße Person von einem Nazi angegriffen wird?«, fragte sie. Meine Antwort: **Bitte schreiten Sie auf jeden Fall ein, wenn jemand von einem Nazi oder sonst jemandem angegriffen wird.** Zivilcourage kann Menschenleben retten. Wenn eine Frau mit einem Kopftuch auf der Straße rassistisch beschimpft wird, gehen Sie dazwischen und fragen Sie die betroffene Person, ob sie Unterstützung braucht. Wenn eine Schwarze Person in der Öffentlichkeit rassistisch angepöbelt wird, gehen Sie dazwischen und fragen sie, ob Sie Hilfe leisten können. Wenn Sie einen Fall von Polizeigewalt beobachten, machen Sie sich bemerkbar. Das kann einen deeskalierenden Effekt haben. Passen Sie allerdings stets auf Ihre eigene Sicherheit

auf, seien Sie wachsam und schauen Sie in Notfällen nie weg.

15. Wie ich in Kapitel 1 beschrieben habe: **Reflektieren Sie in verschiedenen Situationen Ihre eigene weiße Zerbrechlichkeit.** Trainieren Sie sich und härten Sie sich ab. Es ist anstrengend, ich weiß. Sich in einigen Situationen als privilegierte Person zurückzunehmen rückt aber strukturelle Missstände, von denen Minderheiten und verletzbare Gruppen betroffen sind, in den Fokus. Von dieser Priorisierung profitiert dann die Gesamtgesellschaft.
16. Nehmen Sie nie an einer Opferolympiade teil (siehe Kapitel 2). Als weiße, privilegierte Person werden Sie sich mit hoher Wahrscheinlichkeit blamieren – dabei sein ist eben nicht alles. Hören Sie, wie beschrieben, real diskriminierten Individuen zu, und **halten Sie es aus, mal für einen Augenblick nicht über Ihre Wehwehchen zu sprechen.** Leben Sie das Gegenteil von Harald oder Jochen oder Ulf oder Jan, auch weil Sie als privilegierte Person auf das Vergießen von weißen Tränen verzichten können. Indem Sie bei solchen Debatten eine Profilierung als Opfer aussparen, verleihen Sie sich jedes Mal selbst eine kleine Goldmedaille.
17. Steuern Sie durch Ihren Konsum den politischen Diskurs. Nehmen wir mal an, dass ein reicher Unternehmer 100 000 Euro an eine rechtsextreme Partei spendet: Sie können die Produkte, mit denen dieser

Unternehmer Profite macht, einfach boykottieren. Es gibt immer eine bessere Alternative zur rassistischen Wurst im Supermarktregal, zur rassistischen Hotelkette im Reisebüro oder zu den rassistischen Schuhen im Warenhaus. **Wer aktiv eine ausgrenzende politische Agenda finanziert oder sonst wie unterstützt, muss zumindest finanzielle Konsequenzen zu spüren bekommen.** Vor allem in den USA ist diese Strategie durchaus erfolgreich. Dort bekam beispielsweise eine große Fast-Food-Kette, die an homofeindliche Organisationen Geld spendete, den Zorn der Verbraucher*innen zu spüren. Wenige Jahre später wurde aus dem homofeindlichen Unternehmen ein reumütiger politischer Akteur, und alle konnten wieder das ungesunde, fettige Essen mit einem politisch guten Gewissen genießen. Wer hätte gedacht, dass der Markt wirklich irgendetwas regeln kann? Eine andere Initiative sorgte dafür, dass das rechtsextreme Internetportal *Breitbart*, auf dem sich auch weiße Deutsche und Europäer*innen informieren, viele Werbekunden verloren hat. Aktivist*innen, aber auch ganz normale User*innen hatten Firmen angeschrieben, die über die automatisierte Internet-Werbung Geld an *Breitbart* überwiesen haben. Viele Firmen blockierten daraufhin die hetzerische Seite für ihre Werbeanzeigen, *Breitbart* ist seitdem mit einem deutlich kleineren Budget in den USA als Meinungsmaschine weniger relevant geworden. Und so kann beim Konsum nicht nur auf Bio, regionale Erzeugung oder Arbeitsbedingungen geachtet werden – antifaschistisches Gemüse schmeckt einfach besser.

18. Nehmen Sie – wenn vorhanden – **Geld** in die Hand und unterstützen Sie damit Schwarze Initiativen, Stimmen of Color, Autor*innen, die empowernd und progressiv über Diskriminierung schreiben, oder Medien, die diverse Perspektiven aufzeigen. Kaufen Sie auch mein nächstes Buch zum Thema Reparationsleistungen nach der kolonialen Ausbeutung.
19. Eine plurale, systemkritische Medienlandschaft ist unerlässlich für eine funktionierende und inklusive Demokratie. Falls allerdings zu häufig Rechtsextremisten in einem bestimmten Medium eine Plattform geboten, Menschenfeindlichkeit bejubelt oder der Herausgeberrat schön homogen weiß und männlich gehalten wird, **schreiben Sie einen Leser*innen-, Zuhörer*innen- oder -Zuschauer*innenbrief**. Falls das nichts bringt: Bestellen Sie das Medium, wenn möglich, ab, und holen Sie sich ein anständiges Abo.
20. **Rufen Sie nicht bei jeder Kleinigkeit die Polizei.** Die Nachbarn sind nachts deutlich zu laut? Dann klopfen Sie an die Tür und fragen Sie höflich, ob die Musik etwas leiser gedreht werden kann. In der U-Bahn spricht der Sitznachbar in einer Fremdsprache ins Telefon? Gewöhnen Sie sich an den Trouble

einer Großstadt, oder setzen Sie sich einfach um. Im Park fühlen Sie sich von einer Gruppe junger Männer of Color bedrängt, obwohl sie Ihnen nichts tun? Dann checken Sie mal Ihren angelernten Rassismus und gehen Sie einfach aus dem Weg. Polizeigewalt stellt für viele Minderheiten eine ernste Gefahr dar. Wenn weiße Menschen den Notruf wegen Trivialitäten wählen, macht das der Polizei nicht nur unnötige Arbeit, es bedroht Schwarze und People of Color unmittelbar. Für verletzbare Gruppen ist die Polizei oft leider kein Freund und keine Helferin. Laut einer Studie der Ruhr-Universität Bochum aus dem Jahr 2019 gibt es jährlich rund 2000 Ermittlungsverfahren zu Polizeigewalt in Deutschland – die Dunkelziffer wird dabei auf mehr als 10 000 geschätzt. Es bräuchte also mehr Forschung zum Thema. Von dieser Gewalt sind in erster Linie Nichtweiße betroffen, und das nicht nur in Ländern wie den USA, in denen Polizeigewalt oft tödlich vor allem für Schwarze Menschen endet. Die lynchhafte Ermordung von George Floyd durch einen weißen Polizisten im Mai 2020 ist lediglich einer von Tausenden Fällen, bei denen in den vergangenen Jahren Schwarze Menschen von weißen Beamt*innen aufgrund des strukturellen Rassismus getötet wurden. Auch in Deutschland existiert dieses Problem: Der aus Sierra Leone stammende Oury Jalloh ist am 7. Januar 2005 in einer Gewahrsamszelle im Keller eines Dienstgebäudes der Polizei in Dessau-Roßlau verbrannt. Recherchen verschiedener Medien legen nahe, dass es sich dabei um einen Mord gehandelt hat. Oury Jalloh ist laut eines forensischen Gutachtens aus dem Jahr 2019 unmittelbar vor seinem Tod »schwer misshandelt« worden. In einer abgeschlossenen Zelle. In einem Polizeirevier. Die Beamten wurden nie zur Verantwortung gezogen. Nur der damals verantwortliche Dienstgruppenleiter wurde am 13. Dezember 2012 wegen fahrlässiger Tötung zu einer Geldstrafe von insgesamt 10 800 Euro verurteilt. Im Jahr 2018 verbrannte Amad Ahmad in einer Zelle der Justizvollzugsanstalt Kleve. Recherchen zeigen, dass Ahmad zu Unrecht festgenommen und wochenlang eingesperrt wurde. Den Sicherheits- und Justizbehörden war wochenlang bekannt, dass der junge Mann schlicht verwechselt wurde. Amad Ahmad starb, **weil sich Polizei und Justiz in Deutschland nicht besonders für die Leben von Nichtweißen interessieren.** Hinzu kommt, dass die Polizei aufgrund der herrschenden rassistischen Strukturen oft nicht angemessen reagieren kann: Im Juni 2020 erschoss ein Polizeibeamter den 54-jährigen marokkanischen Staatsbürger Mohamed Idrissi in Bremen. Medienberichten zufolge wurde die Polizei gerufen, weil der psychisch erkrankte Idrissi mit einem Messer in der Hand in einem Hof Nachbarn angeschrien haben soll. Anstatt mit dem sozialpsychiatrischen Dienst deeskalierend auf Idrissi einzuwirken, endete dieser Einsatz, nachdem der Polizist Pfefferspray in Mohamed Idrissis Gesicht gesprüht hatte, mit tödlichen Schüssen. Der ganze Vorgang ist in einem Handyvideo dokumentiert. Es liegt also nahe, was viele Aktivist*innen bereits verlangen, nämlich finanzielle Ressourcen der Polizei zugunsten der sozialen Arbeit umzuverteilen. Das ist eine politische Debatte, die ganz oben entschieden werden muss. Was Sie allerdings im Einzelfall machen können: Rufen Sie nicht die Polizei, wenn es nicht sein muss.

21. **Dokumentieren Sie rassistische Vorfälle und Diskriminierung mit den Mitteln, die Ihnen zur Verfügung stehen.** Ich habe mal einen Streit zwischen einem Schwarzen Mann und einem weißen Alman in einem U-Bahnhof gefilmt. Im Video ist zu sehen, dass der Weiße den Schwarzen die Treppe hinunterstoßen wollte. Als die Polizei eintraf, wollten die Beamten aufgrund einer rassistischen Voreinstellung aber natürlich den Schwarzen direkt festnehmen. Mein Video sorgte dafür, dass es anders kam. Die Dokumentation von solchen Vorfällen ist also wichtig und kann Gerechtigkeit herstellen.
22. Nazis können Sie ruhig Nazis nennen. Rechtsextreme heißen Rechtsextreme. Hier geht es darum, dass rassistische Ideologien in Politik umgesetzt werden. Das erkennt man zum Beispiel an der braunen oder blauen Farbe einiger Parteien. Sie mit bürokratischen

und nebulösen Begriffen wie »Rechtspopulisten« oder »Querdenker« oder »umstritten« zu umschreiben versteckt nur ihre ausgrenzende politische Agenda. **Nazis sind Nazis.** Fertig.

23. **Wählen Sie strikt antifaschistisch.** Wenn das genügend Wähler*innen machen, müssen sich politische Parteien daran orientieren. Sie können dabei auch gut Ihr eigenes politisches Interesse mitdenken, eine antifaschistische Grundhaltung (also entschieden gegen Faschismus und Rechtsextremismus sein) ist gut kompatibel mit vielen anderen politischen Einstellungen, die ohne Menschenfeindlichkeit auskommen. Sie wollen keine Erbschaftssteuer bezahlen? Das können Sie als Antifaschist*in vertreten. Sie wollen weiterhin kein Tempolimit auf Autobahnen? Das können Sie als Antifaschist*in vertreten. Sie befürworten ein umstrittenes Megabauprojekt in Ihrer Stadt? Das können Sie als Antifaschist*in vertreten. **Der nächste Schritt wäre, altruistisch zu wählen:** Sie sind ein alter weißer Mann? Dann wählen Sie doch mal eine Partei, die explizit Angebote für junge nichtweiße Frauen macht. Das wäre mehr als nur nett. Ebenso wichtig: Lehnen Sie sich politisch auf gar keinen Fall zurück und bleiben Sie auf jeden Fall wachsam. Keine emanzipatorische Errungenschaft ist sicher, es gibt keine Fortschrittsgarantie, und mit menschenfeindlichen Ideologien werden in westlichen Demokratien Wahlen gewonnen.

24. **Hass ist keine Meinung:** Falls ein AfD-Politiker wieder mal die deutsche Geschichte relativiert, ist das kein valider Standpunkt. Eine Debatte darüber zu führen: Das führt nirgendwohin (siehe Punkt 41). Rechtsextremisten in und außerhalb von Parlamenten müssen geächtet werden. Ich habe mich an dieser Stelle bewusst für dieses starke Verb entschieden. Denn wenn diese gefährlichen Extremisten heute nicht geächtet werden, werden sie mit hoher Wahrscheinlichkeit morgen noch mehr Schaden anrichten. AfD-Wähler gehören in die politische Quarantäne.
25. Gleichzeitig bedeutet eine gerechtfertigte und konstruktive Gesprächsverweigerung gegenüber Rechtsextremisten nicht, dass man sie ganz ignorieren soll. Im Gegenteil: Hören Sie dabei auf Ihr Gewissen, auf Ihren Instinkt, auf von Ausgrenzung betroffene Menschen in Ihrem Umfeld. Es kann durchaus ein gutes Zeichen der Solidarität sein, zum Beispiel eine Demonstration anzumelden, einen Beitrag in Sozialen Medien zu teilen oder andere Formen des Widerstands zu bemühen, wenn ein AfD-Politiker wieder mal etwas sagt (es ist ja meistens menschenverachtend). Wichtig bleibt dabei: **Rechtsextremisten von den Rändern oder aus der sogenannten Mitte der Gesellschaft müssen kritisch beobachtet, studiert und verstanden werden – ohne Verständnis für sie aufzubringen, versteht sich.**

26. **Wenn Sie in den sozialen Netzwerken unterwegs sind: Springen Sie dort von Rassismus, Antisemitismus, Sexismus oder Homofeindlichkeit betroffenen User*innen zur Seite.** Zeigen Sie, dass diese Formen von Ausgrenzung keinen Platz nirgendwo haben dürfen, weder off- noch online. Sie können auf vielen Plattformen zum Beispiel Beiträge melden, damit sie überprüft und gesperrt werden. Sie können sich auch solidarisch in Diskussionen einmischen, achten Sie aber auch hier darauf, dass niemand paternalistisch objektiviert oder zugespamt werden möchte. Die Empfehlungen in der analogen Welt gelten auch für das Netz. Oft ist es besser, die Beiträge von Rassismus betroffener Menschen schlicht ohne weiteren Kommentar zu teilen.
27. Lehren aus der Geschichte müssen auf die Gegenwart angewendet werden (siehe Kapitel 7). Was ein bisschen präsidial klingt, möchte ich mit einem edlen Füller und mit Nachdruck unterstreichen: **Die Auseinandersetzung mit der Vergangenheit darf kein Selbstzweck oder Wellness-Trip sein.** Eine empathische, kontextualisierte Erinnerungskultur führt zu weisen politischen Entscheidungen im Jetzt. Diese Erinnerungskultur sollte aber demütig sein, nicht das eigene Wohlbefinden als Staat, Mehrheitsgesellschaft oder weiß-deutsches Individuum bedienen, im Fokus müssen immer die Opfer, Überlebenden und Nachfahren eines Ereignisses stehen, das so nie hätte

passieren dürfen. Als Hannah Arendt zum ersten Mal vom durchgeplanten Massenmord an den Jüdinnen*Juden Europas gehört hat, glaubte sie es schlicht nicht. So dermaßen unvorstellbar ist das, was deutsche Täter dem europäischen Judentum, Sinti*ze und Rom*nja, queeren Menschen und dem antifaschistischen Widerstand angetan haben. Die Schoa wird zu Recht von vielen Deutschen weiterhin als Mahnung für die Gegenwart bezeichnet. Diese Mahnung als Accessoire zu tragen ist allerdings kontraproduktiv und gefährlich. Denn es degradiert das »Nie wieder!« zu einer hohlen Parole, die an Gedenktagen aufgesagt wird und keine Konsequenzen nach sich zieht.

28. Und dann möchte ich an dieser Stelle auch unterstreichen, dass **deutsche und europäische Geschichte stets im Kontext betrachtet werden muss** (siehe ebenfalls Kapitel 7). Es muss beispielsweise möglich sein, die Verbrechen und Folgen des Kolonialismus und der postkolonialen Eingriffe europäischer Mächte in anderen Regionen dieser Welt zu thematisieren, ohne die Einzigartigkeit der Schoa infrage zu stellen. Man muss das auch nicht vergleichen. Eher hilft es, diese Ereignisse als teilweise verbundene Kapitel in der Identität Europas zu verstehen. Einerseits sitzt Deutschland in einer Union mit ehemals großen und sehr belasteten Kolonialmächten wie Frankreich, Spanien, Italien und Bel-

gien. Die Regierungen dieser Länder machen bis heute ihren Einfluss in dieser Welt geltend. Andererseits ist der deutsche Kolonialismus selbst noch nicht mal im Ansatz aufgearbeitet. Die deutschen Verbrechen in den ehemaligen Kolonien zu dokumentieren, Debatten darüber zu führen, sie in die Erinnerungskultur einzufügen und Konsequenzen daraus zu ziehen wird mindestens eine Generationenaufgabe sein. Man kann als weiß-deutsches Individuum also ruhig damit anfangen, diesen Teil der deutschen Geschichte zur Kenntnis zu nehmen.

29. **Afrika ist kein Land.** Bitte merken Sie sich das.
30. **Sprechen Sie mit (Ihren eigenen) weißen Kindern und Jugendlichen über Rassismus.** Ich bin kein Anhänger von »Die nächste Generation wird es schon richten«, weil viele Studien zeigen, dass dies eine naive Hoffnung ist. Junge Menschen sind aber oft offen für neue Perspektiven – mit ihnen früh über Strukturen, in denen sie aufwachsen, zu sprechen kann sehr viel verändern und sie für die Belange anderer Menschen sensibilisieren.
31. In deutschen Schulen und Hochschulen gibt es einen literarischen Standardkanon, den Kinder, Jugendliche und Studierende quasi auswendig lernen müssen: Goethe, Voltaire, Shakespeare. Dieses Wissen ist ausschließlich weiß. Dieser Umstand macht es zwar per se nicht ungültig; eine Wissenszufuhr aus quasi einer Quelle kann junge Menschen allerdings nicht

auf die Realität da draußen vorbereiten, schon gar nicht in einem Einwanderungsland und in einer globalisierten Welt. Auch im deutschsprachigen Feuilleton und der europäischen Kulturszene herrscht weiterhin ein eigenartiger Common Sense: Wichtige Texte, relevante Kunst und gehörte Kritik stammen vor allem von weißen Männern. Das Einzige, was hilft: **Den alten Kanon in den Papierkorb legen und einen neuen Kanon zusammenstellen.** Das bedeutet nicht, dass Goethe, Voltaire oder Shakespeare dort keinen Platz finden sollten, im Gegenteil. Ihre Texte sind wichtig und müssen kritisch gelesen werden. Ein neuer Standardkanon, also jenes Wissen, das zur Bildungsgrundlage gehören sollte, muss aber mit Namen wie Edward Said, Mahasweta Devi, Aimé Césaire, Fatima Mernissi, Achille Mbembe und Toni Morrison ergänzt werden.

32. **Rassistischer Kanon – egal ob Kinderbücher, Filmproduktionen oder philosophische Werke – muss kommentiert, dekonstruiert, aktualisiert oder sogar zu den Akten gelegt werden.** Vor allem Gutenachtgeschichten für Kinder sollten keine Ausgrenzung von einzelnen Minderheiten reproduzieren, weder sprachlich noch erzählerisch. Kaufen Sie Ihren Kindern lieber Bücher, in denen nichtweiße Held*innen in den Hauptrollen vorkommen.
33. Generell haben wir von heterosexuellen, weißen cis-Männern schon wirklich ALLES gelesen. Vor

allem in der Belletristik öden mich die Erzählungen aus weiß-cis-männlicher Perspektive mittlerweile an. Deswegen: **Mehr Literatur of Color wagen,** sie ist frischer und spannender und bringt einen auf neue Gedanken. Mindestens ein Theater pro Großstadt sollte darüber hinaus postmigrantisch besetzt werden, die übrigen Theater müssen andere Perspektiven in ihr Programm mitaufnehmen. In Film und Fernsehen sollte gelten, dass mehr Diversität in Erzählungen und Besetzung umgesetzt wird. Denn **Repräsentation ist wichtig.** Vor allem junge BIPoCs müssen sich in diesen Kulturproduktionen wiedererkennen. Wenn Sie das nächste Mal ins Museum, ins Kino oder zur Oper gehen: Achten Sie auf die Zusammensetzung des Produktionsteams und wer am Ende zu sehen ist und wie präsentiert wird. Geben Sie Kulturschaffenden entsprechend eine Rückmeldung, Lob oder Kritik. Kulturmaschinen produzieren nämlich auch auf Nachfrage.

34. **Respektieren Sie nichtweiße Safer Spaces,** also jene Räume, in die sich einige People of Color zurückziehen und unter sich bleiben wollen – egal ob sie sich dort politisch organisieren oder einfach nur relaxen wollen. Als weiße Person unbedingt in diese Räume (Bars, Vereine, Freundeskreise …) eindringen zu wollen nimmt BIPoCs die Möglichkeit, sich stressfrei auszutauschen und sich zu regenerieren. Das verhält sich im Übrigen ähnlich in Räumen von

anderen Minderheiten: So sind einige queere Bars zum Beispiel nicht mal mehr im Ansatz queer, weil dort zu viele oder nur noch heteronormativ lebende Menschen abhängen (wegen cool und so). In diesem Sinne: 99 Prozent dieser Welt ist ein einziger Safer Space für privilegierte Weiße. Lassen Sie Angehörige von verschiedenen Minderheiten daher ihre eigenen Räume stressfrei genießen.

35. **Wenn Sie in Ihrem Bekanntenkreis eine Person of Color haben, macht Sie das noch lange nicht zu einer antirassistischen Person.** Wenn Sie als weißes Individuum eine*n Partner*in oder ein Kind of Color haben, macht Sie das auch nicht automatisch zur/m Antira-Aktivist*in oder zur woken person of the year. Merken Sie sich das bitte. Die Ausrede, dass Sie eine*n Araber*in, eine*n Türk*in oder eine*n Muslim*in persönlich kennen, qualifiziert Sie nicht dafür, über »die Araber*innen« oder »die Türk*innen« oder »die Muslim*innen« verallgemeinernd zu sprechen.
36. Achten Sie darauf, **kulturelle Aneignung so gut es geht zu vermeiden.** Sie steht Ihnen als weiße Person nicht. Beispiel: Filzlocken. Sie können natürlich mit Ihren Haaren machen, was sie wollen, allerdings müssen Sie anerkennen, dass zum Beispiel Schwarze Menschen mit Dreads deswegen häufig bei Bewerbungsgesprächen diskriminiert, auf der Straße blöd angemacht oder als nicht den Schönheitsstandards

entsprechend markiert werden. Dabei ist diese Frisur für einige BIPoCs ein Ausdruck ihrer kulturellen Identität. Ich weiß, dass man über Geschmack streiten kann: Aber Filzlocken stehen weißen Menschen außerdem äußerst selten.

37. **Ich bin nicht Ihre Vielfalt.** Schmücken Sie Ihre Broschüren, Ihr Unternehmen, Ihren Verein, Ihre Hochschule, Ihren Freundeskreis oder sich selbst also nicht mit People of Color als reinem Selbstzweck. Benutzen Sie niemals Minderheiten als Accessoires für Ihr Wohlbefinden. Zwar ist Repräsentation wichtig, sie muss aber auch durch eine echte Teilhabe begleitet werden. BIPoCs nur als Statist*innen zu missbrauchen verschlimmert deren Benachteiligung nur – weil sie durch die Inszenierung der Repräsentation kaschiert wird. Außerdem stabilisiert eine solche performative Unterstützung durch Weiße das herrschende System von weißen Privilegien.
38. Vergessen Sie nie, die Quelle anzugeben, vor allem nicht, wenn Sie nichtweißes Wissen nutzen. Eine **Quellenangabe** ist das Mindeste, wenn jahrhundertealtes Wissen in Wert gesetzt wird. Haben Sie also keine Scheu, Autor*innen of Color namentlich zu zitieren und transparent darüber zu informieren, woher Sie sich Ihre neueste Start-up-Idee ausgeliehen haben (siehe Kapitel 4). Fair wäre, nicht nur die Urheberschaft hervorzuheben, sondern auch die

ursprünglichen Erfinder*innen am Erfolg einer Idee oder ihrer Umsetzung zu beteiligen.

39. Wenn Sie sich (als Person oder Institution) rassistisch geäußert oder verhalten haben – auch ohne es zu wollen –, **entschuldigen Sie sich,** hören Sie der Kritik aufmerksam zu und analysieren Sie, was schiefgelaufen ist und wie Sie es in Zukunft anders machen können.
40. An alle Feminist*innen: **Feminismus muss intersektional gedacht werden.** Frauen of Color leben andere Realitäten als weiße Frauen (siehe auch Literaturempfehlungen am Ende des Kapitels). Viele feministische Agenden in Europa und Nordamerika sind darüber hinaus rassistisch belastet, sexistische Gewalt gegen Frauen wird dabei ausschließlich auf Männer ausländischer Herkunft reduziert, und Frauen of Color (mit oder ohne Kopftuch) wird dogmatisch der freie Wille abgesprochen. Für viele weiß-deutsche Feminist*innen gilt der Islam als einziger Faktor für die Unterdrückung von Frauen. Dabei kennt das Patriarchat keine nationalen oder religiösen Grenzen, wie die alljährliche Polizeistatistik und die unzähligen #metoo-Fälle der vergangenen Jahre zeigen.
41. **Machen Sie nicht jede rassistische Debatte mit.** Ich habe selbst erlebt, wie Debatten künstlich inszeniert werden. Daran ist an sich nichts falsch, es sei denn, sie dienen zur Ausgrenzung von bestimmten

verletzbaren Gruppen. So zum Beispiel der x-te Streit zum Thema Identitätspolitik, zur angeblichen »Gefahr der Political Correctness«, zu sogenannten »Parallelgesellschaften« oder der Bedrohung des heteronormativen, privilegierten weißen Abendlandes. Ich kann Ihnen berichten, wie machtvoll Ignorieren sein kann: Die Macher eines dieser rassistischen Debattenanstöße in einer dieser sehr weißen deutschen Redaktionen hatten in meiner Anwesenheit darauf gesetzt, dass progressive BIPoCs in den sozialen Medien »durchdrehen« und damit die entsprechende Debatte überhaupt ermöglichen. Als fast niemand auf Twitter, Facebook und Instagram auf die rassistischen Ausgangsthesen reagierte, waren die weißen Debattenkreateure sehr enttäuscht. Diese Strategie nennt sich ghosten. Man ignoriert gemeinschaftlich und befördert damit bestimmte rassistische, homofeindliche oder sexistische Debatten ins Abseits – wo sie hingehören. Das funktioniert nicht immer, weil manchmal Widerstand und Gegenrede wichtig sind, oft kann ein konsequentes Ghosten aber sehr wirksam sein. Nun weiß ich, dass einige vernünftige Menschen (siehe Kapitel 8) in diesem Zusammenhang von »Cancel Culture« sprechen. Also von der Gefahr, dass die Meinungsfreiheit gefährdet sei, wenn keine Debatten mehr stattfinden könnten. Einerseits ist es eine krasse Übertreibung, wenn man nun denkt, dass so gar keine Debatten mehr stattfinden könnten. Andererseits liegt dieser unbegründeten Angst ein Denkfehler zugrunde: Jede Person kann sagen, was sie will, jede andere Person hat aber auch die Freiheit, darauf zu reagieren – oder eben nicht zu reagieren. Meinungsfreiheit besteht nicht darin, dass ich als Antirassist jedes rassistisch agierende Subjekt beklatschen muss. **Ghosten ist sogar ein wesentlicher Teil der Meinungsfreiheit.** Kehren also auch Sie problematischen »Debatten« mit einem guten Gefühl einfach den Rücken.

42. **Die Lebensleistung von Nichtweißen muss anerkannt werden.** In Deutschland werden die Arbeit und die Aufopferung von Millionen von Gastarbeiter*innen weiterhin nicht gewürdigt. Oft wird über sie gesprochen als jene, die an den Kassen oder am Band standen, die Toiletten geputzt oder den Müll entsorgt haben. Spätestens seit der Corona-Krise muss den meisten klar geworden sein, welche Berufe systemrelevant und welche weniger systemrelevant sind. Diese Anerkennung muss in einem europäischen Rahmen aber auch postkolonial betrachtet werden. Die Großeltern vieler BIPoCs in Europa haben während des Zweiten Weltkriegs gegen das Nazi-Regime gekämpft, sie haben gegen die Besatzung in Afrika und Asien gekämpft, für die Würde von nichtweißen Völkern, die vom Kolonialismus erdrückt wurden und bis heute darunter leiden. Für diese Lebensleistung und diese Familiengeschichten muss es mehr

Raum geben, mehr Anerkennung, zumindest eine Kenntnisnahme durch weiße Subjekte (siehe Punkt 28 in dieser Liste).

43. Dieser Tipp geht an Tierschützer*innen und radikale Veganer*innen: **Tierschutz ist wichtig, er ist aber weder mit Rassismus vergleichbar, noch ist er wichtiger als der Schutz von Menschenleben.** Mir haben in der Vergangenheit zu viele weiße Tierliebende gesagt, dass »die von der Fleischindustrie bedrohte Kuh genauso geschützt werden muss wie die ausgebeutete Näherin in Bangladesch«. Dieser Satz, der mir so tatsächlich ins Gesicht gesagt wurde, ist eine unverschämte Entmenschlichung und stellt selbst eine rassistische Aussage dar.
44. Suchen Sie sich Ihre Freunde weise aus. Wer einen Nazi im Freundeskreis hat, ist vielleicht selbst einer. **Es lebe die Filterblase** (siehe Kapitel 8). Dieses Wort ist in den vergangenen Jahren in Verruf geraten, da es negativ belegt wurde. Austausch ist tatsächlich gut und sollte in jeder Hinsicht gefördert werden – aber freundlicher, ja sogar herzlicher Austausch mit Menschen, die eine rechtsextreme Partei aus voller Überzeugung wählen, sich antisemitisch äußern oder queere Menschen diskriminieren, macht einfach alle an diesem Austausch beteiligten Akteure zu Rechtsextremen, Antisemiten oder Homofeinden. Und das wollen Sie nicht sein, nehme ich an. Jetzt fragen Sie sich vielleicht, was soll man mit Nazis sonst

anfangen? Hier eine kleine Inspiration: Nazis bekämpfen. Nazis ächten. Nazis beobachten. Nazis Nazis nennen. Nazis feuern. Nazis boykottieren. Nazis blocken. Nazis verklagen. Nazis studieren. Nazis stigmatisieren. Nazis sabotieren. Nazis stoppen. Nazis nie ausreden lassen. Verkleidete Nazis entlarven.

45. Seien Sie dementsprechend intolerant. Denn **Toleranz ist so was von Neunziger.** Wenn Sie Rassismus, Antisemitismus, Sexismus, Homofeindlichkeit oder Ableismus sehen oder hören, opponieren Sie. Auch gegen jene, die Menschenfeindlichkeit unbedingt als Pluralismus – oder innerhalb von einzelnen Institutionen als Binnenpluralismus – etikettieren wollen.

46. Wenn Sie eine **rassistisch geprägte sexuelle Fantasie oder einen Fetisch** haben (siehe Kapitel 6), machen Sie sich zunächst deswegen nicht fertig. Sexualität ist eine komplizierte Angelegenheit, die nie absolut zu kontrollieren ist. Sie erzählt allerdings viel über uns als Individuen und als Gesellschaft. Überlegen Sie deswegen, woher eine bestimmte Vorliebe kommen konnte, auf welchen Vorurteilen sie vielleicht basiert. Das gilt auch für konkrete sexuelle Abneigungen. Es ist Ihr Körper. Sie müssen sich nicht von jemandem anfassen lassen, der oder die Ihnen nicht zuspricht. Sie können Ihre Sexualität aber auch nicht dazu nutzen, andere Menschen auszugrenzen. »Ich stehe nicht auf Schwarze« oder

»Ich mag keine Asiatinnen« sind verletzende Sprüche. Hier vermischen sich oft sexistische, frauen- und transfeindliche und rassistische Strukturen miteinander. Pornografisch vermittelte Stereotype im Zusammenhang mit Sex sind außerdem in ihrer Absolutheit immer falsch. Denn Sie finden nahezu jede erotische Vorliebe in jeder Community – und genau das macht Sex ja erst so spannend.

47. Machen Sie sich klar: Es gibt in allen Communitys alles. Leider auch im negativen Sinne. Weiße Privilegien sind nicht essenzialistisch zu verstehen, was bedeutet, dass man als weiße Person nicht per se böse ist. Verletzbare Gruppen sind auch keine Monolithen. Minderheiten bringen eine große Vielfalt mit: Es gibt homofeindliche und sexistische Männer of Color, transfeindliche Frauen of Color, Schwarze Menschen, die Verschwörungstheorien anhängen, Muslim*innen, die aktiv andere Minderheiten ausgrenzen, Jüdinnen*Juden, die AfD wählen, rassistische Schwule und Lesben … nur wird diesen Täter*innen im Vergleich zu weißen Täter*innen die aktive Diskriminierung oft anders ausgelegt. **Kulturalisieren Sie diese Menschenfeindlichkeit bei Angehörigen von Minderheiten nicht in Ihrem Kopf.** Kein Mensch repräsentiert eine Community als Ganzes, egal wie sie definiert wird. Die (in weißen Mehrheitsgesellschaften gerne betriebene) Kulturalisierung macht strukturelle und politische Miss-

stände und mögliche Lösungsansätze unsichtbar. Außerdem schauen sich Täter*innen innerhalb von Minderheiten die jeweiligen Formen der Andersmachung bei der Mehrheitsgesellschaft ab.

48. Was ist radikaler Widerstand? **Was ist zu radikaler Widerstand gegen Rassismus?** Als weiße Person können Sie diese Frage nicht beantworten. Darüber diskutieren kann man durchaus, dies über die Köpfe von Rassismus betroffener Menschen hinweg zu entscheiden geht aber gar nicht.

49. **Auch bei progressiven Projekten muss auf die Belange von BIPoCs geachtet werden.** Wenn man in Berlin-Kreuzberg fragt, was unbedingt politisch geändert werden sollte, würde eine der meistgenannten Antworten wie folgt lauten: Hanf legalisieren, jetzt! Ich rauche zwar nicht, finde eine Legalisierung aber aus sicherheits- und gesundheitspolitischen Überlegungen heraus vernünftig. Dennoch stellt sich die Frage: Wenn der Anbau, Vertrieb und Konsum von Cannabis legalisiert wird, was passiert dann mit den vielen nichtweißen Menschen und vor allem Männern, die deswegen in der Vergangenheit kriminalisiert wurden? Genau diese Frage tauchte in einigen US-Bundesstaaten auf, in denen Cannabis legalisiert wurde und wo (meist weiß dominierte) Start-up-Unternehmen damit nun Millionen von Dollar Profit machen (siehe Kapitel 4). Ich habe keine abschließende Antwort auf so eine komplizierte Frage,

jede progressive Person muss sie sich dennoch stellen: **Was ist mit den Belangen von Nichtweißen?**

50. **Seien Sie ein*e Ally, ein*e Verbündete*r, eine Süßkartoffel,** und zwar OHNE Vorbedingungen (siehe Kapitel 1). Ja, das ist schwierig, kann schmerzvoll und anstrengend sein, ich weiß. Die Ally-Werdung ist auch kein abschließender Status, keine Selbstbelohnung. Es ist vielmehr ein endloser Prozess, an dem Weiße kontinuierlich hart arbeiten können.

Literaturempfehlungen

Eure Heimat ist unser Albtraum (Ullstein, 2019) ist ein privilegien- und heimatkritischer Essayband, der von Fatma Aydemir und Hengameh Yaghoobifarah herausgegeben wurde. Unter anderem mit Texten von Enrico Ippolito, Sasha Marianna Salzmann, Olga Grjasnowa, Margarete Stokowski und Sharon Dodua Otoo.

Der britischen Journalistin Reni Eddo-Lodge ist mit *Warum ich nicht länger mit Weißen über Hautfarbe spreche* (Tropen, 2019) ein fulminantes Essay über Andersmachung und weiße Privilegien gelungen.

Max Czollek hat mit *Desintegriert Euch!* (Hanser, 2018) mehr als nur ein Buch geschrieben. Es ist eine wichtige Schrift zur Formierung einer neuen antirassistischen Bewegung.

Der Buchtitel von Tupoka Ogette hilft wortwörtlich: *exit RACISM. Rassismuskritisch denken lernen* (Unrast,

2019). Vor allem für Lehrer*innen, Pädagog*innen, Sozialarbeiter*innen und Lehramtsstudierende sollte dieses Buch ein Standardwerk sein. Alle anderen sollten es auch lesen.

Alice Hasters beschreibt in ihrem Buch *Was weiße Menschen nicht über Rassismus hören wollen – aber wissen sollten* (hanserblau, 2019) sehr eindrücklich ihre Perspektive einer Schwarzen Frau auf die weiß-deutsche Gesellschaft.

Wenn Sie sich für weiße Zerbrechlichkeit interessieren: Lesen Sie *Wir müssen über Rassismus sprechen. Was es bedeutet, in unserer Gesellschaft weiß zu sein* von Robin DiAngelo (Hoffmann und Campe, 2020).

Ebenfalls zu empfehlen: *White Rage. The Unspoken Truth of Our Racial Divide* von Carol Anderson. Aus dieser spezifischen Betrachtung der US-amerikanischen Gesellschaft können andere weiße Mehrheitsgesellschaften viel lernen.

Der Historiker Ibram X. Kendi leitet in *How to Be an Antiracist* (btb, 2020) ein völlig neues Verständnis von Rassismus und Antirassismus ab. Zwar bezieht sich seine Erzählung ebenfalls spezifisch auf den US-amerikanischen Kontext, in seinen Gedanken finden sich aber unzählige universale Ansätze, die auch im deutschsprachigen Rahmen gültig sind.

Lesen Sie auch gerne mein erstes Buch *Unter Weißen. Was es heißt, privilegiert zu sein* (Hanser Berlin, 2017). Mir wurde gesagt, es soll sehr gut sein.

Für all jene, die weiterlesen wollen, eignen sich auch Schriften, Romane, Lyrik und Bücher von Achille Mbembe, Edward Said, James Baldwin, Fatima Mernissi, Ta-Nehisi Coates, Gayatri Chakravorty Spivak, Judith Butler, Semra Ertan, Aimé Césaire, Toni Morrison, Maya Angelou, Frantz Fanon, Stuart Hall oder Hannah Arendt.

Glossar

Abschiebung: Der gewaltsame Prozess, Personen in ihre Herkunftsländer zurückzuschicken.

Affirmative Action: → *Positive Diskriminierung.*

Ally: Eine privilegierte Person, die sich ehrlich für Gleichberechtigung einsetzt und ihre eigenen Privilegien reflektiert und überdenkt. Zum Beispiel, wenn eine weiße Person sich um die Belange von nichtweißen Minderheiten kümmert und ihnen Raum für die Artikulierung der eigenen Diskriminierung schafft.

Andersmachung: Die Differenzierung und Distanzierung der Mehrheitsgesellschaft von Minderheiten und → *verletzbaren Gruppen.*

Antimuslimischer Rassismus: → *Rassismus,* der in weißen Mehrheitsgesellschaften besonders Muslim*innen trifft.

Antirassismus: Politik, gegen rassistische Strukturen in einer Gesellschaft anzukämpfen.

Antisemitismus: Sammelbegriff für alle Formen von Judenhass, Judenfeindlichkeit oder Judenverfolgung.

Apartheid: Die offizielle, staatliche Trennung von Menschen, basierend auf ihrer Hautfarbe oder ihrer Herkunft.

Arier: Wort, das für weiße Menschen aus Mittel- und Nordeuropa benutzt und von den Nationalsozialisten als Code für die → *weiße Überlegenheit* eingesetzt wurde. Rechtsextreme benutzen es bis heute.

Assimilation: Die komplette Anpassung von Minderheiten an soziale und kulturelle Normen der Mehrheitsgesellschaft, weitere Stufe von → *Integration*.

Aversivismus: Das bewusste Meiden von Minderheiten aufgrund rassistischer Kriterien.

Backlash: Widerstand rechter Individuen, Gruppen und Parteien gegen die Emanzipation von diskriminierten Minderheiten.

Beiname: Eine bestimmte abwertende Bezeichnung, mit der Individuen aufgrund äußerlicher Merkmale heruntergesetzt werden.

Biologismus: Ausschließliche Anwendung biologischer Gesichtspunkte auf andere Wissensgebiete, wie zum Beispiel die Einteilung der Menschheit in »Rassen«, die biologisch definiert werden, zum Beispiel über die Hautfarbe oder vermeintliche kognitive Unterschiede.

BIPoC: Abkürzung für Blacks, Indigenous and People of

Color: Schwarze, Indigene und andere nichtweiße Menschen. Im Deutschen als Plural auch BIPoCs.

Christonormativität: Das Christentum als Norm für ethische, kulturelle und soziale Fragen anwenden. Nicht christliche Normen werden dabei als »anders« definiert.

Cisgender: Bezeichnung für Personen, deren zum Zeitpunkt der Geburt zugeschriebenes Geschlecht sich mit ihrer in den ersten Lebensjahren entwickelnden Geschlechtsidentität deckt, siehe auch → *Zissexualität*. Gegenteil von → *Transgender*.

Colorism: Vorurteile oder Diskriminierung, die von Mitgliedern derselben diskriminierten Gruppe von der Mehrheitsgesellschaft ausgehen und auf den etwas helleren Hautton der betroffenen Person abzielen.

Dekonstruktivismus: Intellektuelle Schule, die vormals als objektiv und wahr geltende Verhältnisse (zum Beispiel Geschichtsschreibung oder politische Überzeugungen) in einer Gesellschaft neu betrachtet und als voreingenommen und widersprüchlich entlarvt.

Dekolonisierung: Die Sichtbarmachung von kolonialen Kontinuitäten heute.

Desintegration: Der Prozess, sich von den Normen bzw. der Unterdrückung der dominierenden Mehrheitsgesellschaft zu lösen. Siehe auch → *Emanzipation*.

Diaspora: Die freiwillige oder erzwungene Migration von Menschen ins Ausland und die dort gebildete Gruppe durch die ehemaligen Migrant*innen.

Diskurs: Die Art, wie Menschen über etwas reden, mündlich, aber auch in Textform oder durch Kunst und Kultur.

Diskriminierung: Praxis, Individuen verschieden zu behandeln aufgrund ihrer Hautfarbe, ihrer Herkunft, ihres Geschlechts, ihrer sexuellen Orientierung, ihrer Nationalität, ihrer körperlichen Beeinträchtigung oder allgemein aufgrund ihres Aussehens.

Diversität: Politische Praxis, um Arbeitskontexte, Schulen und Hochschulen, Parteien und andere gesellschaftlich relevante Räume vielfältiger zu gestalten.

Essenzialismus: Die Suche nach einer einzigen Essenz, die eine bestimmte Gruppe definieren soll. Zum Beispiel im Satz: »Alle Araber sind ... «

Ethnie: Die Summe der Charakteristiken einer bestimmten Gruppe, die sich an ihrer nationalen Zugehörigkeit, ihren Vorfahren, der gesprochenen Sprache oder anderen kulturellen Kriterien orientiert.

Eugenik: Auch Erbhygiene oder Rassenhygiene genannt, ist der ideologisch gesteuerte Versuch, eine »bessere menschliche Rasse« zu kreieren, indem die Fortpflanzung von vermeintlich überlegenen Gruppen koordiniert und von vermeintlich minderwertigen Gruppen eingestellt wird. Die Nationalsozialisten haben diese Praxis im Dritten Reich betrieben, Rechtsextreme und → *White Supremacists* heute wollen daran anknüpfen.

Eurozentrismus: Die Interpretation der Welt auf der Grundlage von vermeintlich exklusiv-europäischen Werten und Perspektiven im Glauben, Europa sei kulturell oder politisch überlegen im Vergleich zu anderen Regionen.

Fake News: Die Verbreitung von Lügen und imaginierter Wahrheit, oft über Minderheiten und → *verletzbare Gruppen.*

Falsches Bewusstsein: Das Phänomen, wenn unterdrückte Gruppen ihre Unterdrückung internalisieren und sich damit identifizieren.

Farbenvorstellung: Die Repräsentation von Hautfarben in Texten, Bildern und allgemein Kulturproduktionen, die ethnische Gruppen mit einem bestimmten Motiv wie Wohlstand, Kriminalität, Unschuld oder Gefahr verknüpfen.

Farbignoranz: Der (naive) Glaube daran, dass man keine Hautfarben sieht und alle Menschen gleich behandelt, egal welcher ethnischen Gruppe sie angehören.

Fetischisierung: Die sexuelle Verabsolutierung von Dingen, bestimmten Personen oder Gruppen, bei der meistens auch Machtfantasien von Dominanz oder Unterwerfung eine Rolle spielen.

Framing: Das Selektieren, Priorisieren, Strukturieren und Präsentieren von komplexen, zusammenhängenden Informationen, um sie (unterschwellig) zu deuten, moralisch zu bewerten oder bestimmte Handlungsempfehlungen anzubieten.

Gastarbeiter*in: Ausländische Arbeitskräfte, die in Deutschland ab den Fünfzigerjahren offiziell aus Italien, der Türkei, Marokko und anderen Ländern angeworben wurden, um das Wirtschaftswunder zu realisieren.

Hate Speech: Das Einsetzen von degradierender und rassistischer Sprache, um Angehörige von diskriminierten Gruppen herabzusetzen.

Hegemonie: Das Dominieren einer herrschenden Klasse und die Akzeptanz des Rests gegenüber dieser Herrschaft.

Heteronormativiät/Heterosexismus: Die Ansicht von heterosexuellen Menschen, dass homosexuelle bzw. nicht heterosexuell konforme Beziehungen »unnatürlich« seien.

Identitätspolitik: Zuschreibung für politisches Handeln und Sprechen, bei dem Bedürfnisse einer spezifischen Gruppe von Menschen im Mittelpunkt stehen. In den vergangenen Jahren mehrheitlich als rechter Kampfbegriff umgedeutet, mit dem die Emanzipation von diskriminierten Gruppen und vor allem Minderheiten delegitimiert werden soll.

IdPol: Siehe → *Identitätspolitik*

Institutioneller Rassismus: → *Rassismus,* der von öffentlichen Institutionen, staatlichen Stellen, Gesetzen oder allgemein Politik ausgeht.

Interracial Porn: Pornografie, in der Darsteller*innen verschiedenster Hautfarben und Herkünfte gezeigt werden.

Integration: Siehe → *Assimilation.*

Intersektionalität: Die Überschneidung von verschiedenen Diskriminierungsformen in einer Person, die zum Beispiel aufgrund ihrer Hautfarbe UND ihrer sexuellen Orientierung benachteiligt wird. Im Umkehrschluss aber auch zum Beispiel aufgrund ihres Geschlechts UND des erzielten Einkommens bevorzugt wird.

Kanax: Geschlechtsneutral für Kanake oder Kanakin. Einerseits ein herabwürdigendes Schimpfwort gegenüber Nichtweißen – wenn es von Weißen benutzt wird. Andererseits ein von Nichtweißen angeeignetes Wort, um darüber zu verfügen. Ursprünglich: hawaiianisch für Mensch.

Kapitalismus: Wirtschaftssystem, in dem Märkte die Regeln aufzwingen, ökonomische Entscheidungen diktieren und die meisten Güter und Ressourcen in Privatbesitz liegen.

Kartoffel: Urban geprägte Bezeichnung für weiße Deutsche.

Klasse: Eine Gruppe von Individuen, die einen ähnlichen sozioökonomischen Status teilen.

Klassismus: Bezeichnet Vorurteile oder eine aktive Diskriminierung aufgrund der sozialen Herkunft oder Position, die gesellschaftlich als »niedrig« konstruiert wird.

Koalitionen: Im antirassistischen Kontext meint dies den Zusammenschluss von mehreren diskriminierten Gruppen, die sich dann gegenseitig unterstützen.

Kolonialismus: Mehrheitlich europäische Gewaltanwendung gegenüber vermeintlich schwächeren Gesellschaften und Staaten auf anderen Kontinenten, um ihre Ressourcen, ihre Kultur und Bevölkerungen auszubeuten.

Kulturelle Aneignung: Der Diebstahl von kulturellen Gütern, Symbolen oder Ideen von marginalisierten Gruppen durch Privilegierte zur Nutzung für den eigenen Vorteil.

Latinx: Geschlechtsneutrale Bezeichnung, die anstelle von Latino oder Latina verwendet wird, um sich auf Menschen mit südamerikanischer kultureller oder ethnischer Identität in den USA zu beziehen.

Majoritarismus: Die Ansicht, dass eine bestimmte Kultur und Einstellungen der Bevölkerungsmehrheit herrschen sollen.

Melanin: Braune oder schwarze Pigmente in der Haut oder in den Haaren eines Menschen.

Mikroaggressionen: Alltägliche, auf den ersten Blick triviale Aussagen und Handlungen der → *Andersmachung* durch Privilegierte und → *Tokens*, die diskriminierte Individuen und Gruppen treffen und die addiert Menschen dauerhaft ausschließen.

Mindset: Eine bestimmte Einstellung bei einer Person, die unter Umständen auch unbewusst besteht.

Multikulturalismus: Die Ansicht, dass soziale Institutionen und der öffentliche Raum mehrere Kulturen und Minderheiten in einer Gesellschaft sichtbar machen sollen.

Nafri: Rassistische Bezeichnung für »nordafrikanisch aussehende Männer«, die innerhalb von Polizei- und

Sicherheitsbehörden verwendet und von Betroffenen angeeignet wird, um darüber zu verfügen.

Nationalismus: Die (oft absolute) Identifizierung eines Individuums oder einer Gruppe mit einer Nation oder einem Staat.

N-Wort: Rassistische Bezeichnung, mit der Schwarze Menschen (von nicht schwarzen Menschen) historisch und bis heute erniedrigt werden und die deswegen möglichst nicht ausgesprochen oder ausgeschrieben werden sollte.

Parallelgesellschaft: Siehe → *Safer Space.*

Patriarchat: Handlungs- und Glaubenssystem, in dem Männer Frauen dominieren und sie kontrollieren wollen.

People of Color: Selbstbezeichnung von Menschen, die von Rassismus betroffen sind. Abkürzung: PoC. Das Wort wird auch im deutschen Kontext von Betroffenen benutzt, oft mit der Ergänzung BIPoC, was Blacks, Indigenous and People of Color meint und die starke Diskriminierung Schwarzer Menschen sichtbarer machen möchte.

Populismus: Opportunistische und demagogische Politik, die das Ziel hat, durch Dramatisierung die Gunst der Massen zu gewinnen. Mit dem Wort → *Rechtspopulismus* wird oft rechtsextremes Gedankengut verniedlicht und verharmlost.

Positionierung: Die Summe der Merkmale einer Person und die Rahmenbedingungen, aus denen heraus sie spricht und agiert.

Positive Diskriminierung: Eine Praxis, die diskriminierten Minderheiten den Einstieg in Bereiche erleichtern soll, in denen sie unterrepräsentiert sind. Das Ziel dabei ist die Diversifizierung von zum Beispiel männlich oder weiß dominierten Räumen. Bei Bewerbungen werden dann Frauen oder Nichtweiße mit gleicher Qualifizierung bevorzugt bzw. besonders gefördert.

Postkolonial: Phase seit dem Ende des europäischen Kolonialismus, in der allerdings koloniale Kontinuitäten zwischen vielen ehemaligen Kolonialmächten und Kolonisierten weiter bestehen.

Postmigrantisch: Etwas, das durch die Erfahrung der Migration endgültig geprägt ist. Die postmigrantische Gesellschaft wurde also politisch, gesellschaftlich und kulturell durch ihre migrantischen Bürger*innen geformt.

Privileg: Einem Individuum oder einer Gruppe vorbehaltenes Sonderrecht bzw. Bevorteilung, die meist historisch gewachsen ist und oft unbewusst wahrgenommen wird.

Queer: Meist selbstbestimmter Sammelbegriff für Schwule, Lesben, bi- und intersexuelle sowie trans Menschen.

Quoten: Das Reservieren eines Teils der Ressourcen für diskriminierte bzw. → *verletzbare Gruppen.* Zum Beispiel Sitze im Parlament für Minderheiten.

Race: Wird teilweise auch als Synonym für → *Ethnie* genutzt. Aus dem Englischen übertragen meint es auch die sozial konstruierte Dimension von Ethnie, die dafür sorgt, dass struktureller → *Rassismus* praktiziert werden kann. Im Deutschen wird das Wort »Rasse« aufgrund seiner vorbelasteten Geschichte im Nationalsozialismus vermieden und durch das englische *Race* ersetzt.

Rassifizierung: Der Prozess, in dem → *Race* kreiert wird, also wenn eine Gruppe gemäß ihrer → *Ethnie* mit negativen Attributen vor allem diskursiv belegt wird.

Rassismus: Lehre, Theorie, Einstellung oder Ideologie, nach der Menschen oder ganze Bevölkerungsgruppen mit bestimmten biologischen Merkmalen angeblich anderen von Natur aus über- bzw. unterlegen sein sollen. Daraus entstehen dann diskriminierende Denk- und Handlungsweisen gegenüber meistens Minderheiten.

Rechtspopulismus: → *Populismus*

Reparationen: Kompensation, auch finanzieller Art, nach einer strukturellen Diskriminierung oder Gewaltanwendung gegen bestimmte Gruppen.

Safer Space: Raum, in dem Menschen mit ähnlichen Diskriminierungserfahrungen offen, barriere- und angstfrei sprechen können, ohne dass ihnen Privilegierte reinreden. Im Deutschen abwertend als Parallelgesellschaft bezeichnet. Auch Safe Space genannt »Safer« möchte darauf hinweisen, dass kein Raum absolute Sicherheit bieten kann.

Schoa: Massenvernichtung der Jüdinnen*Juden Europas während der nationalsozialistischen Herrschaft in

Deutschland. Auch Holocaust genannt. Die maximal deutsche Schreibweise des Wortes »Schoa« soll die deutsche Schuld unterstreichen. Weitere Schreibweisen: Schoah und Shoah.

Schwarz: (Stets großgeschrieben) ist die Selbstbezeichnung von deutschsprachigen Personen mit schwarzer Hautfarbe.

Segregation: Die räumliche Trennung von Minderheiten, meistens über Wohnmöglichkeiten in der Stadt oder staatliche Institutionen. Kann allerdings auch die Abkapslung von Privilegierten meinen, die sich aufgrund ihrer strukturellen Vorteile oder sozioökonomischen Möglichkeiten vom Rest der Gesellschaft abkapseln.

Silencing: Die Unterdrückung von kritischen, unangenehmen Diskursen, von der meistens diskriminierte und → *rassifizierte Minderheiten* betroffen sind.

Snowflake (Schneeflocke): Siehe → *White Fragility*.

Stigmatisierung: Der Prozess, in dem eine Person, eine Gruppe oder ein Objekt als beschämend oder allgemein negativ markiert wird.

Stimme: Meint im antirassistischen Kontext die Möglichkeit, die eigenen Belange zu formulieren und für Gleichberechtigung zu werben.

Struggle: Aus dem Englischen für die Gesamtheit der Diskriminierungsformen und die dadurch ausgelösten Anstrengungen bei einem Individuum oder einer Gruppe.

Süßkartoffel: Urban geprägte Bezeichnung von → *Ally*, in Anlehnung an → *Kartoffel*.

Token: Person, die einer diskriminierten Gruppe angehört, sich aber in den Dienst der privilegierten Mehrheit stellt und jegliche strukturelle Diskriminierung abstreitet. Oberbegriff ist Tokenism.

Transgender: Bezeichnung für Personen, deren zum Zeitpunkt der Geburt zugeschriebenes Geschlecht sich mit ihrer in den ersten Lebensjahren entwickelnden Geschlechtsidentität nicht deckt. Gegenteil von → *Cisgender* oder → *Zissexuell.* In diesem Buch sind mit Frauen auch trans Frauen gemeint, mit Männern auch trans Männer.

Transracialism: Transracial Individuen sind Personen, die die Angehörigkeit zu einer Race für sich behaupten, die sich von ihrer Geburtsidentität unterscheidet. Wenn sich also Weiße plötzlich als → *Schwarz* fühlen. Die antirassistische Forschung sieht diese Art von → *Positionierung* kritisch.

Umgekehrter Rassismus (Reverse Racism): Diskriminierung, von der angeblich die Bevölkerungsmehrheit betroffen sein soll, die aber aufgrund fehlender Machtstrukturen im Sinne von Minderheiten als Gedankenspiel oder Propaganda gilt.

Verletzbarkeit: Wort, das die unvorteilhafte Situation einer bestimmten Person oder Gruppe beschreibt. Geflüchtete sind zum Beispiel besonders verletzbar, weil Gesetze sie in eine für sie unvorteilhafte Position bringen.

Vorurteil: Eine unvorteilhafte Voreinstellung gegenüber

einer bestimmten Person oder Gruppe, die auf äußerlichen Merkmalen basiert und ohne Fakten auskommt.

White Fragility (Weiße Zerbrechlichkeit): Zeigt sich in der Reaktion von Weißen, wenn über strukturellen Rassismus oder Privilegien gesprochen wird und sie sich defensiv verhalten bzw. auf → *umgekehrten Rassismus* kommen oder das Gespräch abbrechen, da die Auseinandersetzung mit den eigenen Privilegien zumindest unangenehm ist. Dies kann aber auch in → *White Rage* kulminieren.

White Rage (Weiße Wut): Wenn Weiße ihre Machtposition ausnutzen, um kritische Rassismusdiskurse und Nichtweiße zu unterdrücken. Zum Beispiel an der Hochschule oder am Arbeitsplatz.

White Passing: Eine Person, die einer diskriminierten Gruppe angehört, von ihren äußerlichen Merkmalen her zunächst nicht als betroffen identifizierbar ist und als weiß gelesen wird.

White Supremacists (Weiße Überlegenheit): Weiße, die an die Überlegenheit von Weißen glauben und sich von anderen ethnischen Gruppen bedroht fühlen.

Woke: Als Adjektiv beschreibt es eine Person, die ihre eigenen Privilegien reflektiert und mitdenkt. »Michael ist woke« meint, dass ihm seine Privilegien als weißer Mann bewusst sind.

Zissexualität: siehe → *Cisgender*.

In Gedenken an:

Fatih Saraçoğlu
Ferhat Unvar
Gökhan Gültekin
Hamza Kurtović
Kaloyan Velkov
Mercedes Kierpacz
Sedat Gürbüz
Said Nesar Hashemi
Vili Viorel Păun

Sie wurden am 19. Februar 2020 in Hanau
von einem Rechtsterroristen ermordet.
Rassismus tötet.